精進料理考

吉村昇洋

春秋社

はじめに

書店でこの本を手にとった時点で、あなたは多少なりとも「精進料理」に関心のある人物なのだろう。しかも、パラパラめくって精進料理のレシピ集でないと分かってもなお、書棚に戻さずここを読んでいるということは、精進料理というものを知的に理解したいというモチベーションをお持ちの方に違いない。もしそうでないなら、そっと閉じて書棚に戻してしまおう。あなたの貴重な時間を、退屈な時間に突き合わせるわけにはいかない。しかし、ほんのちょっとでも読んでみようという気があったり、うっかりネットでポチってすでに手元にあったりするのなら、まずは読み始めてほしい。損をさせない自信はある。なぜなら、書いている本人が〝めちゃくちゃオモロイ〟と思っているからだ。

そもそも、仏教そのものがオモロイ。釈尊の存在、教えとその実践、僧侶、仏教的生活、仲間の間でのルール、仏教で用いる道具、仏像、寺院建築、歴史や伝統、信仰の在り方……など、まだまだあるが、その世界を知らない方の目にはかなり新鮮に映るだろうし、一般的な生活にはない驚きや気づきが満載である。そういった非常に豊かな仏教文化の中で育まれたものの一つが、今回の主題となる〝精進料理〟なのだ。

そういえば、わたしが精進料理と関わりを持ちはじめて一八年ほど経過した。仏道修行の場として選んだ曹洞宗大本山永平寺に上山したその日に出会いを果たし、その後お山を下りるまでの二年二ヶ月間、毎日食した。その内容は、朝は粥・ごま塩・たくあん、昼は麦飯・汁物・たくあん・野菜炒め、夕は全体的に分量を減らした麦飯・汁物・たくあん・野菜の煮物・野菜の和え物か炒め物、といったところが定番であったか。

しかし、修行中、我々雲水《うんすい》（修行僧）が口にする食事のことを〝僧食《そうじき》〟とは呼んでも、〝精進料理〟と表現したことは一度もない。徳野崇行氏は、「『精進料理』という語の起源は、古代に仏教の在家信者が一族の命日等に肉食を避けて食べる『精進物』に始まるというのが定説である」とした上で、「『精進物』と呼ばれる食は……『粗食』という意味を内包する」と指摘している。(1)あくまでも「精進料理」の語は〝在家者〟の立場から発せられる呼称であり、雲水の間でそう呼ばれていなかったことも至極当然だと言えよう。

また、仏事の際に生臭物を避けた粗末な野菜料理と出会うことが多いことから、一般の人々はそれを精進料理としてとらえる。ただ、現代においては、仏事と何ら関係がなく、粗末でもないただの野菜料理を〝精進料理〟と呼ぶ風潮もあって、その意味は広がっているとみてよい。

ちなみに、永平寺を開き、仏道実践として「調理」と「食事」を行ずることを説いた道元禅師は、必ずしも〝粗食〟であれとは言っていない。むしろ、粗末だとか上等だとか、今ここで分別してしまう自己のこころの在りようを問いなさいと示しており、このようなスタンスを禅の修行生活の全般において保ち続けることが求められる。

仏教では元来、人間の行住坐臥《ぎょうじゅうざが》という日常的な立ち居振る舞い、つまり「歩く」「とどまる」「坐る」「寝る」の四威儀《しいぎ》の中でも、特に「坐る（坐禅）」に重きが置かれてきた。しかし、禅ではこの四威儀の全てを行う自己存在と向き合い、坐をベースとしながらも、他の行住臥の三つも同等に重視してきた。

これは、中国禅六祖の大鑑慧能《だいかんえのう》が、『六祖壇経《ろくそだんきょう》』の中で「自己の内外に対して、こころを停滞させず一切の執着を離れ、またそれに乱されず動かされないこと」と、坐禅や禅定の意味を〝坐る〟という行為を超えて再構築したように、坐禅の在りようで日常行為の全てを実践することこそが禅の修行であるとされた。もちろんその中には、食事を作る「作食《さじき》」や食事を給仕する「行食《ぎょうじき》」、その給仕を受ける「受食《じゅじき》」、そして食事を摂取する「喫食《きっしょく》」も含まれる。

では、これらを踏まえ、禅の僧食を中心とした〝精進料理〟の世界を旅することにしよう。

本書の構成は、食事を作る人の心構え『典座教訓《てんぞきょうくん》』（一二三七年成立）と、食事を食べる人の心構え『赴粥飯法《ふしゅくはんぽう》』（一二四六年成立）といった道元禅師の著書をベースに、食の思想と実践について述べた「禅の精進料理」と、道元禅師に到るまでの僧食の流れについて述べた「インド・中国・日本の僧食」の二部構成となっている。

そして、この書をガイドに、あなたがこれまでやってきた日常的な食事が、精進料理の理解を通してとらえ直され、自己の問題として〝食〟と向き合うきっかけにしてもらえれば幸いである。

(1) 徳野崇行「曹洞宗における『食』と修行」『宗教研究』九〇巻二輯、二〇一六、九三―九四頁

精進料理考　目次

精進料理考

第一部　禅の精進料理

一　仏道修行としての調理

禅と食事

「永平寺で修行されたんですね。さぞかし大変だったでしょう。厳しい修行ですもんね。冬でも裸足《はだし》なんでしょう。わたしには無理だわぁ……」

かつての永平寺での修行経験を語ると、多くの方がこのような声をかけてくださる。しかし、永平寺での仏道にどっぷり浸かった修行生活がこの上なく楽しかったわたしとしては、微妙に返答に困ることとなる。

仏道修行。そう、〝お坊さんの修行〟と聞いて、あなたは何を思い浮かべるだろうか？　滝に打たれる？　護摩《ごま》を焚く？　火の上を渡る？　断食？

仏教に関心のある方なら、いくつか思い浮かぶことだろう。しかし、そんな方でも修行と聞いて「調理」を思い浮かべるのは、なかなか難しいかもしれない。というのも、ここに挙げた「滝に打たれる」などの例は、いかにも宗教行為というイメージがある一方、「調理」は誰でも行うきわめて日常的な行為として認識されるからである。

そこまで言うのなら、「調理」は仏道修行なのだろうな……と薄々感づいていらっしゃることだろう。禅仏教においては、この「調理」だけでなく、「洗面」「排泄」「浄髪」「掃除」「入浴」「就寝」……など、誰もが日々行う何でもない行為を、仏道、つまり仏の行いとして実践することが大切なのだとする。

では、料理を作ることと仏道とはどのような関係にあるのだろうか。今にいたる精進料理の礎を築いた道元禅師は『典座教訓《てんぞきょうくん》』の冒頭で、六知事（禅の僧堂運営に携わる六つの重要な役職）の一つとして調理を司る〝典座〟を引き合いに出し、同時に料理を作るという行為の重要性も指摘している。実をいうと鎌倉時代、日本の叢林《そうりん》では調理など食事にまつわる行為は雑用としか見なされておらず、道元禅師が留学先の南宋の叢林で目の当たりにした実態とは大きくかけ離れていた。役職としての典座はあったものの、典座の任に就いた者が自己の仏道修行として調理を行うことはなく、完全に形骸化していたことを思えば、道元禅師の受けたカルチャーショックといったら、相当なものであっただろうことは想像に難くない。それこそ、「真の仏道を日本に持ち帰って伝えなければ！」といった使命感すら感じていたことだろう。

禅の修行とは？

さらに道元禅師は『典座教訓』の中で、北宋代に雲門《うんもん》宗の慈覚大師・長蘆宗賾《ちょうろそうさく》によって編纂された『禅苑清規《ぜんねんしんぎ》』（一一〇三年成立）から「須《すべか》らく道心を運《めぐら》し、時に随って改変し大衆《だいしゅ》を受用《じゅゆう》安楽ならしむべし(1)」という言葉を引用している。現代語訳では「食事を作るには、必ず仏道を求めるその心を働かせて、季節にしたがって、春夏秋冬の折々の材料を用い、食事に変化を加え、修行僧達が気持ちよく食べられ、身も心も安楽になるように心がけなければならない(2)」となる。

つまり、調理をする者は、ただ単に他の人のために心を込めて食事を作ればいいという話ではなく、そこに仏道を求める姿勢が見て取れなければならないということだ。そして、その仏道を求める姿勢とはどんなものかと言うと、修証一等《しゅしょういっとう》、つまり〝修行〟の在り方と〝証悟（覚《さと》り）〟の在りようは同じであるとする道元禅師の思想を基にすれば、この文脈では食事にまつわる行動全般に関して仏と同じ在り方で向き合うことを意味する。

では、仏と同じ在り方とはどのようなものか？　わたしなりの言葉を使えば、「既成概念や固定観念、先入観といった自分勝手な思考のフィルターを通さず、あるがままの現象をニュートラルな状態で受け入れ、今ここ、この瞬間の自己を生きること」という仏の生き方を実践することである。道元禅師は、『典座教訓』の中で、仏道に邁進する深いこころを持った高僧たちだけが典座の役を任命されてきたことに触れており(3)、普通は見過ごしてしまうような調理という極めて日常的な営みの中にこそ仏の在りようを見出すことを強調したのであった。

調理の際のマインド

「衆僧《しゅぞう》を供養す、故に典座あり」

これは、道元禅師が『典座教訓』のなかで引用した『禅苑清規』の一節である。雲水の食事を調《ととの》えるということは、そこに居る多くの雲水の心身の健康を司るわけで、こうしたことが個々人の修行の在り方や、修行道場全体の運営に影響を与えていく。このような観点に立てば、禅において調理はただの雑事などではなく、極めて重大な責務を負ったものだとわかる。

そこで、再び先の一節を見てみよう。現代語訳をすれば「雲水たちを供養する必要がある。それゆえに典座の職がある」(4)となる。ここで見ていきたいのは、「供養」の語である。

供養というと、「ご先祖さまを供養する」といった時に使う言葉として一般に流布しているが、そもそもは読んで字のごとく「供え養う」という意味であり、四事供養といって衣服《えぶく》、飲《おん》食《じき》、臥具《がぐ》、湯薬《とうやく》といった僧侶に対して信者が行う布施《ふせ》の実践を指す。先祖供養では、ご先祖さまに心を込めたお供え物をして、召し上がっていただくわけだが、これをそのまま自分と同じ立場の雲水に向けるのが典座の役割ということになる。

ここに、我々が『典座教訓』から学ぶ姿勢の一つが見えてくる。つまり、「己が作った食事を、他者に召し上がっていただく」という姿勢である。翻って、我々の現実はどうだろう。ともすると、普段家庭で調理をしている時には、「わざわざ作ってやっている」というこころの向かい方になってはいないだろうか。

どこまでも、食べてもらう相手に「召し上がっていただく」、ひいては、「作らせていただいている」という姿勢にもつながっていく話ではあるが、飲食店のような対価に見合ったサービスを行う場であれば、このような姿勢は持ちうるかもしれない。ところが、なかなかどうして一般家庭ではこういった姿勢は持ちにくいものである。

であれば、一般的な生活を送る者はどのようにこの姿勢を学べばよいのか？　そのヒントは禅の修行の基本的な在り方にある。それは、調理という行為を「今ここに在る自己を、あるがままに見つめる実践」としてとらえることに他ならない。

人間関係において、人はどうしても、相手に対して何かをしたら何らかの見返りを求めてしまう。しかし、それが得られなかったとき、多少なりともがっかりするし、その状態が続けば同じようなことをしようとは思わなくなるか、いつも自分ばかりが貧乏くじを引いているような悲しい気持ちになる。また、どうしてもやらねばならないことであれば、手抜きをするようになるのも自然なことであろう。例えば、否応なく調理をする必要があるとき、脳内では、「作らせていただいている」感じよりも、むしろ「作ってやっている」感に気持ちが傾く。わざわざ作ってやっているのだから、少しは感謝の言葉ぐらいかけてくれというマインド（気の持ちよう）である。もちろん、そういう気持ちを持ってはいけないと主張しているわけではない。むしろ、当然の感情である。ただ、そういう気持ちでいっぱいになったとき、自分の心を荒らしているのは、実はほかでもない自分自身であるという事実は知っておくとよいだろう。

そこで、禅の雲水と同じように、見返りを求めるというマインドを手放して「今ここに在る自己をあるがままに見つめる実践」として調理と向き合ってみる。そのようなマインドに移行するだけで、実は知らないうちに行動も変化していく。そして、自己の行いに意識を向けることで、今まで気づかなかったようなことにも気づきを向けられるようになる。

その背景には、仏教で言うところの心身一如《しんしんいちにょ》の現実があり、こころと身体のつながりもありありと感じられることとなる。

このあたりの話は、わたしのもう一つの専門である臨床心理学（主に行動主義）でも語られるところで、こころと身体は相互作用の関係にあり、お互いがお互いに作用し合う。つまり、マインドをなかなか変えられない場合でも、行動パターンをしばらく変えてみることで、マインド自体に変化が起こる。

ただし、ここで注意しておきたい点としては、禅の修行というものはマインドの変化を目的に実践するものではないということだ。もう少し言うと、修行道場の清規《しんぎ》（ルール）に則って生活していれば、結果的にはマインドの変化も起きようというぐらいのものであり、それは決して目指すべき対象ではない。禅の修行は、むしろこうした目的的に働く〝作為〟を手放すことを重視しているのである。

禅僧の在り方から学ぶ

ここまで、仏道修行を歩む禅僧の在り方が、一般の人にとっても有意義なものとして機能すると期待して述べてきた。というのも、多かれ少なかれ自由な生き様を希求するこころは誰でも持っているものであり、禅僧の「今ここ」の自己の在りようを徹底的に見つめ、何にもとらわれない自由な思考と行動で生きようとする姿勢は、より具体的な行為として我々の日常の中に落とし込むことができるだろう。

（1）鏡島元隆／佐藤達玄／小坂機融『訳註　禅苑清規』曹洞宗宗務庁、一九七二、一一七頁
（2）道元（全訳注：中村璋八・石川力山・中村信幸）『典座教訓・赴粥飯法』講談社学術文庫、一九九一、二二頁
（3）道元（全訳注：中村璋八・石川力山・中村信幸）『典座教訓・赴粥飯法』講談社学術文庫、一九九一、一二〇―一二三頁
（4）道元（全訳注：中村璋八・石川力山・中村信幸）『典座教訓・赴粥飯法』講談社学術文庫、一九九一、一八頁

二　三徳六味を備えた料理

六味と三徳

道元禅師は、永平寺での生活上のルールに関して、宋《そう》の叢林で実践されていた禅宗独自の戒律の書『禅苑清規《ぜんねんしんぎ》』から多くを引用しており、巻八「亀鏡文《ききょうもん》」に記された「六味精《ろくみくわ》しからず、三徳給《さんとくそなわ》らざるは、典座の衆《しゅう》に奉《ぶ》する所以《ゆえん》に非《あら》ざるなり」という食にまつわるルールにも触れている。

六味と三徳を合わせて「三徳六味」と呼ぶが、これは、四世紀頃に成立の大乗版『大般涅槃《だいはつねはん》経《ぎょう》』にはすでにあった概念である。(1) まず、六味というのは、古くから陰陽五行説《いんようごぎょうせつ》で言われている「苦《く》（苦《にが》い）」「酸《さん》（酢《す》い）」「甘《かん》（甘《あま》い）」「辛《しん》（辛《から》い）」「鹹《かん》（塩辛い）」の五味に、食材の持ち味を壊さないように薄味にする「淡《たん》（淡《うす》い）」を加えたものを指している。次に三徳というのは、「軽輭《きょうなん》」柔らかく口当たりがよい、「浄潔《じょうけつ》」清潔でさっぱりしている、「如法作《にょほうさ》」正しい順序・方法（作法）にしたがって丁寧に調理がなされている、の三つをいう。

六味が料理の味付けに関するものであるのに対し、三徳は食事の出来具合、見た目のよさ、内容に関する徳目を表しているのだが、冒頭の言葉に戻れば、これら六味が調《ととの》っておらず、三徳が備わっていないのでは、典座が雲水たちに食事を供養したことにはならないということになる。

余談であるが、六味は他にもあって、唐代の菩提流支《ぼだいるし》訳『大宝積経《だいほうしゃくきょう》』には、良薬の説明の中で「辛苦酸鹹渋甘」とあり(2)、淡味の代わりに渋味となっている。

淡味について

雲水の食事は、調理を司る典座の方針が重要になるわけだが、『禅苑清規』から時代は下って明代末期に書かれた『菜根譚《さいこんたん》』にも、「濃肥辛甘《のうひしんかん》は真の味にあらず、真の味は是れ只だ淡のみ」とあるように、食材そのものの味を大切にすることの重要性が古くから説かれており、禅僧に広く読まれた。また、江戸中期の人、柳沢淇園《きえん》の『雲萍雑志《うんぴょうざっし》』には、禅宗に帰依していた千利休のこんな逸話が残されている。

室町時代にさしかかったころ、好事家のあいだで珍しいものを食べるのが贅沢だという風潮があった。そんな中、飛喜百翁《ひきひゃくおう》が千利休を招待し、当時珍しい食材であったスイカに、さらに貴重品の砂糖をかけてもてなしたところ、利休は砂糖のかかっていない部分だけを食べて帰り、「百翁は人に饗応《きょうおう》する事わきまえず」と語ったというのである。

このエピソードから察するに、利休は季節をしっかりと感じながら、「スイカにはスイカの味があるのに……」と、食材そのものの味わいを大切にし、食を通してありのままを感じる、そうした生き方を実践することが大切である、と考えていたようである。ちなみに、この時代のスイカ、ほとんど味のないものであったことを思うと、百翁の心遣いも理解できないわけではないが、〝淡味〟を理解する上では、もってこいのエピソードであろう。

軽輭について

そして次に三徳だが、現代人が間違えてしまいがちなのが「軽輭」である。〝柔らかく口当たりがよい〟というと、プリンのような滑らかさを想像してしまうが、ここは『禅苑清規』が成立した一二世紀のはじめ頃に共通認識されていた柔らかさであることを理解しておかなければならない。現代の野菜は、農家や研究者の尽力により、昔ほど筋張っていない、極めて食べやすく品種改良されている。つまり、我々の思う柔らかさと、仏典の言う柔らかさは、違うものと考えた方が正しいだろう。

そもそも、当時と現代とでは、日本人の顎の骨格も大きく異なり、わたしたちが固いと感じるものでも、当時の人々はそう感じなかった可能性すらある。となると、「軽輭」の理解は、〝食材を食べやすくする〟程度の理解でよい。先に挙げた『菜根譚』の書名が「菜根は硬くて筋が多い。これをかみしめてこそものの真の味わいがわかる」ことからきていることを考えても、何でもかんでも柔らかくすることなく、噛み締められる程度の硬さにとどめておくことも、精進料理で特に重視される「淡味」を表現する上で重要なことと言える。

如法作の心

次に、三徳のひとつ「如法作」。作法に則って調理されているということであるが、その作法とはどういったものだろうか。

それを知る手がかりとして、道元禅師の『典座教訓《てんぞきょうくん》』にある記述を見ていきたい。「醍醐味《だいごみ》というご馳走を作るときも、それを決して特別上等だとはせず、莆菜羹《ふさいこう》という菜っ葉汁を調理するときも、必ずしも粗末なものと見なしてはならない。菜っ葉を手にして調理するときも、まごころ・誠実な心・清らかな心で、醍醐味を作るときと同じようにしなさい。そのわけはなぜであろうか。清らかな大海にたとえられる仏法の修行道場にいる修行僧たちの中に、供養の食べ物が入ってしまうと、上等な醍醐味と粗末な菜っ葉汁という区別は立たず、百千の川も大海に流れ込めば、清濁の区別もなくなってしまうように、ただ一つの味だけになってしまう。ましてや、悟りを求める心をはぐくみ、仏の智慧を宿すこの肉体を養うことにおいては、上等なものであろうと粗末なものであろうと、全く同じであり、どうして別々のものがあろうか」と。(3)

ここに「醍醐味」とあるが、醍醐とは牛乳を精製して得られる最上級のものを指しており、精製の過程で「乳《にゅう》→絡《らく》→生酥《しょうそ》→熟酥《じゅくそ》→醍醐《だいご》」と次第に上等なものへと変化していく。この醍醐の味が現在わたしたちの使う「醍醐味」の語源となるが、現在はその製法が失われており、どのようなものかは明確になっていない。ただ、最上のものであるという概念は残っていることから、醍醐は仏教経典の中で涅槃《ねはん》（煩悩の火が吹き消された、心が平安の境地）の例えとしてしばしば用いられる。これに関しては、詳細を後述したい。

さて、ここでは、ご馳走を象徴する語として醍醐味の語が使用されているが、その対語として莆菜羹の語が出てくる。この莆菜羹は、「菜っ葉で作った質素な汁物」を意味しており、道元禅師は、仏道に邁進する雲水の肉体を十分に養うという観点から、食材や料理に上等も粗末もないのだから、質素な食べ物も賤《いや》しんだり軽んじたりすることなく、上等な食材に対して自然と丁寧に扱うのと同じような心持ちで扱う必要があると説いている。

一切の万物を同じく観る心

そして、善し悪しを問うてしまうのは、何も食材に対してばかりではない。道元禅師は『典座教訓』で次のように諭す。

「典座たるもの、修行僧の資質の善し悪しを区別してはならないし、老若も問題にしてはならない。自分でさえ自分を評価することが難しいのに、どうして他人を評価することができようか。自分は間違いだと思うから、他人がそのまま間違っていると捉えるのは、どうして過ちでないことがあろうか。老人と若者、知恵ある者と道理に暗い者などは、形の上ではことなるが、共に仏弟子であることに変わりはないのである。また、昨日まで間違っていても、今日は正しいということもある。悟っているとか迷っているとかということが、誰に分かろうか[4]」と。

現在巷では、仕事のできない人や思いやりのない人に対して「あの人は使えない！」などという言葉が飛び交う。このように、他人の短所を挙げて批判し、他人の欠点を見て批評する者は、結局のところ自己の煩悩によって惑わされていて、しかもそれに気がついていない。そうした迷いの世界にいる人を仏教では「凡夫《ぼんぷ》」と呼ぶ。その反対に、凡夫の自覚を持ち、仏の覚りを実践する人は聖者と呼ばれる。凡夫の振る舞い、つまり普段のわたしたちのように、自己の主観的な判断で、他人の是非を判断することほど、危険で誤っているものはないわけだが、道元禅師の生きた時代もそうであったように、人間なら誰しもが陥る人類普遍の問題であるといえる。

一方で、「昨日まで間違っていても、今日は正しいということもある」とあるように、我々凡夫も行いによっては聖者として生きることは可能とされる。わたしにその可能性があるのであれば、他者もまた同様である。「あの人は使えない！」とレッテルを貼り、相手を〝使えない存在〟にしているのは、まさに自分自身の狭い了見によるものであると知る必要があるのだ。

このように、上等なものだとか粗末なものだとかを決めているのは、勝手な自分の判断によるものである。広い視野でとらえれば、何事にも上等も粗末もなく、ただそのままに存在しているに過ぎない。こうした自己のとらわれた視界から離れて〝現実〟に気づき続けて生きることこそ、禅の生き方と言えるのである。

（1）『大正新脩大蔵経』一二巻、三八五頁下一四―一五
（2）『大正新脩大蔵経』一一巻、六一三頁中一九

（3）道元（全訳注：中村璋八・石川力山・中村信幸）『典座教訓・赴粥飯法』講談社学術文庫、一九九一、一〇一―一〇四頁

（4）道元（全訳注：中村璋八・石川力山・中村信幸）『典座教訓・赴粥飯法』講談社学術文庫、一九九一、一〇四―一〇八頁

三　甘味と香り

甘味の摂取

曹洞宗のお寺で大きな法要が行われると、始まってまもなく、会場の本堂に奉られている本尊さまにお供え物が献じられる。法要の準備を司る役職の殿行《でんなん》から、侍者に蜜湯《みっとう》が恭しく渡され、その後、導師、侍香《じこう》、別の殿行へと次々に渡ったあと仏前に供えられる。その後、菓子とお茶も同様の手順を踏み、三つの献供は完了となる。

この蜜湯とは、読んで字のごとく甘いお湯のことで、砂糖を熱湯で溶かしたものだ。菓子は、スナック菓子のたぐいではなく、和菓子であることが多い。お茶は、抹茶もしくは煎茶である。

お茶の歴史は、紀元前の中国に始まり、今では一大産地のインドで飲まれるようになったのは、イギリスの植民地になった一八世紀以降のこと。日本では、遣唐使が往来していた奈良・

平安時代に、留学僧が唐からお茶の種子を持ち帰ったのが始まりとされている。とすれば、法要でお茶が供えられる文化は、インド仏教ではなく中国仏教の影響ということだ。その中国において、お茶は長らく貴重品であったこともあり、尊い仏さまに相応《ふさわ》しいお供え物として珍重された。

ところで、お茶と同じく大切にされたのが、「甘味」である。残りの蜜湯と菓子の供物が、どちらも甘い物であることを思えば、なるほど納得できるところである。しかし、現代のように甘味が溢れている時代では、その大切さをあまり実感できないかもしれない。そこで、インド仏教の律を眺めてみると、蜂蜜や石蜜（砂糖）に関する記載がある。

インドでは、固形砂糖（黒砂糖）の精製に関して、脱タンパクに生石灰（酸化カルシウム）を用いた方法が古くからあったといわれている。一方、中国には唐代に入るまで固形の砂糖はなく、蔗漿（とろみのある液体状の糖蜜）が一般的な甘味であった。伝承によれば、唐の第二代皇帝・太宗《たいそう》（五九八〜六四九）が、インドに使者を送り、製糖の技術を持ち帰らせ、また、同じく唐代の大暦年間（七六六〜七八〇）、四川省の遂寧《ついねい》で結晶性の糖霜《とうそう》を作る製糖業が起こるが、これは鄒《スー》という僧侶がその製法を伝えたことによるという(1)。

さて、このような甘味は七日薬とされ、食欲がわかず、食べ物を受けつけない病人にしかその期間の所持が許されない貴重品であり、病人ではない僧侶が口にすることは固く禁じられていた。

ちなみに、こうした規定はインド仏教に限ったことではない。道元禅師は『宝慶記《ほうきょうき》』の中で、南宋の天童山景徳寺《てんどうざんけいとくじ》で修行していた頃に本師如浄《にょじょう》禅師との間でなされた次のようなやり取りを述懐している。

「学人功夫辨道《がくにんくふうべんどう》の時、応《まさ》に須《すべから》く習学すべき心意識、並びに行住坐臥《ぎょうじゅうざが》ありや」と、道元禅師が修行者の心構えについて如浄禅師に尋ねると、

「乳並びに蜜を多く食《じき》すべからず」

「乳並びに蘇《そ》蜜等を多く喫することなかれ」

「沙糖《さとう》、霜糖《さうたう》等を多く喫することなかれ」

と、何度も乳製品や甘味のものを食べ過ぎないようにと答えている(2)。

なぜ、このように病人以外は乳製品や甘味を食べないように規定されたのだろうか。東南アジアに広まる上座部仏教の『南伝大蔵経』の律蔵「波逸提三九」にも「是《かく》の如きは美味の食なり、即ち、酥《そ》、生酥《しょうそ》、油、蜜、砂糖、魚、肉、乳、凝乳なり。何《いず》れの比丘と雖《いえど》も無病にしてかくの如き美味の食を自らの為《ため》に乞ひて食すれば波逸提《はいつだい》なり(3)」とあり、〝美食〟であるから健康な者が食べれば罪となると明言している。ちなみに波逸提とは、戒律に定められた九〇条（もしくは九二条）からなる軽罪規定であり、サンガ（四人以上の清浄な比丘）、あるいは衆（二～三

人の清浄な比丘）、あるいは長老比丘の前で自分の行いを懺悔《さんげ》することで罪が成立し、受理されることでその罪は清算される。

律によっては、魚や肉は正食であるので病人でなくても食べてもよいことになっているが、これは時代を経て各地に仏教が伝播する過程で、その土地の文化の影響を受けたことで起きた違いであろう。一方で、これらが〝美食〟として認識されていたことは、諸経に記されているところであり、それゆえに制限がかけられたことを忘れてはならない。つまり、甘味は僧侶たちの貪欲を刺激するものであり、それを抑えて日々生活することが、仏教者として求められたということなのである。

甘露《かんろ》

花がいっぱいのルンビニ園をイメージした花御堂《はなみどう》の中に、甘茶《あまちゃ》を張った水盤を置き、その中に片手で天、反対の手で地を指さした誕生直後の釈尊像を祀り、その頭上から柄杓《ひしゃく》で甘茶を注ぐ。これは、釈尊の誕生日をお祝いする灌仏会《かんぶつえ》で見られる光景である。

そういえば、釈尊は誕生直後、七歩歩いて「天上天下唯我独尊《てんじょうてんげゆいがどくそん》」と〝誕生偈《たんじょうげ》〟を語ったとされるが、最近ネット上で〝本当の意味〟と称して、この誕生偈は、「世界に存在する人は、一人ひとり皆尊い存在である」ことを言ったとの見解が広まっている。昨今の僧侶も例に漏れず、ネット上に情報を求めるので、この見解に立った法話をする者もいるし、仏教入門書にそのように解説されることもある。しかし、仏教的な物言いとしてありえそうではあるものの、こと誕生偈の解釈としては誤りというほかない。

こうした誤謬は、古来の「この世に自分より尊い者はいない」といった傲慢な発言を、釈尊がするはずがないといった現代日本人の感覚、また仏典上の文脈や前後関係を無視し、誕生偈のみを切り取って解釈したことなどに端を発しているようだ。

では、このフレーズに関するパーリ仏典「マハーパダーナ・スッタ（大譬喩経《だいひゆきょう》）」の対応箇所を見ていこう。そこには、「わたしは世界の第一人者である。わたしは世界の最年長者である。わたしは世界の最勝者である。これは最後の生まれである。もはや二度と生存はない」(4)とあり、過去世からの度重なる転生の過程で菩薩《ぼさつ》の修行をし、次の生で覚《さと》り仏になることが確定した者の住む兜率天《とそつてん》での天寿を全うしたのち、解脱《げだつ》者になるべくして今生《こんじょう》に誕生したからこそ、釈尊が最も尊い存在であるという主旨が述べられている。この誕生偈は、厳密には釈尊ではなく、過去七仏の一人・毘婆尸《びばし》仏が王子として誕生した際に語ったものだが、今生で覚るべくして覚ってブッダになる存在は、古代インドでは七仏全員が同じ運命を辿ると考えられたので、釈尊の言ととらえても問題はない。

また、この文言はもともと、他者が釈尊を称《たた》える初期経典の言葉を元にしており、のちに仏伝が編纂される中でブッダ自らの言葉としてまとめられていったという背景からも、先の〝本当の意味〟が誕生偈の解釈としては全くのデタラメであることが分かるだろう。

このように見ていくと、自分の勝手な思いや印象からではなく、文献や事実ベースで仏教と向き合うことがいかに大切か、ご理解いただけたと思う。

ところで、この釈尊誕生にまつわる甘味といえば、「甘茶」が自然と思い浮かぶ。甘茶は、黄褐色をした甘い飲み物だが、ほうじ茶や麦茶に砂糖を加えたものではない。日本で生える落葉低木ヤマアジサイ（アジサイ科アジサイ属〈ＡＰＧ植物分類体系Ⅳ〉）の変種の葉が原料であり、甘味の成分フィロズルチンを含んだこの葉を蒸し、発酵、揉み込み、乾燥で「甘茶」の茶葉ができあがる。生の状態ではただの苦い葉だが、こうした工程を経て、甘味を獲得する。その甘さたるや、テンサイやサトウキビなどから得られる蔗糖《しょとう》の四〇〇〜五〇〇倍もあるというから驚きである。

そんな甘茶を、灌仏会で誕生仏の頭に注ぐのは一体何故なのだろうか。ご存じの方も多いかもしれないが、これは「雨」を表している。釈尊の誕生を慶《よろこ》んだ天界の龍たちが〝甘露の雨〟を降らせたという故事があり、その様子を模しているというわけだ。つまり、甘茶をかけるわたしたち自身も、天界の龍のミメーシス（模倣）を通して、仏祖降誕の喜びを表現していると言える。

さて、この「甘露」は、サンスクリット語「アムリタ」の翻訳であるが、その訳し方は既に存在する言葉の中から類似した語を選んで置きかえるというものであった。古代インドの神話に登場する、飲んだ者に不死をもたらす甘い蜜「アムリタ」には、古来中国で言われてきた、「為政者が善政を敷き、天下太平になったとき、天が降らせるという甘い露」を指す「甘露」という言葉が当てられた。そして、仏典では、インド神話におけるアムリタの内容を踏襲し、抜苦、長寿、死者の復活を司る甘い霊液を意味した。

しかし、仏教がこのような不老不死を標榜するわけもないので、メタファーとしてとらえるのが自然である。言っている内容は〃生死の超克〃であるから、これは輪廻《りんね》からの解脱、つまり「涅槃《ねはん》」を指していると見るのが正しい。それゆえ、仏典では、「涅槃に到る門」を〈甘露門〉と呼び、また、「涅槃に導く仏の教説そのもの」を〈甘露法雨〉や〈甘露法門〉と表現するのである。

八世紀の中頃、鑑真《がんじん》和上《わじょう》の来日とともに日本に輸入されたという石蜜・蔗糖などの甘味。現実的な修行生活において、仏教者にとって抑えるべき欲の対象である一方で、「甘露」のように仏教の最終目標でもある「涅槃」の表現としても用いられる。甘味というものは、仏教においてなかなか奥深い存在なのである。

香りについて

料理を目にしてたいてい最初に感じるのは、視覚を通じた盛りつけである。それが美しいものであれば、美味しそうに感じたり、どんな味がするのだろうかといろいろ思いを馳せたりするだろう。次に、実際に口に運ぶ段になると、舌で感じる味覚、触覚。そして鼻で感じる嗅覚が刺激される。特に、和食で椀ものを頂く時などは、蓋を開けた瞬間に、味よりも先に香りが迫ってくる。

ブラインドで銘柄を言い当てるワインソムリエたちは、なんと味覚よりも嗅覚をより働かせて峻別しているという。というのも、ヒトの持つ機能として、受容体遺伝子の数を比較してみると、現在判明しているところでは味覚で二六個なのに対し、嗅覚はおよそ一五倍の三九六個も存在している。そう考えると、香りが人間の個々の生活にいかに多くの影響を与えているか想像に難くない。

ところで、香りというものは、仏教の儀式においても非常に重要視される。最たるものは、お香だろう。一般的な線香、焼香《しょうこう》の際の抹香《まっこう》、僧侶が儀式の際に使用する特別な香木片など、香りでその場を浄めるといった意味合いがある。

禅寺の台所は、「典座寮《てんぞりょう》」や「庫院《くいん》」などと呼ばれるが、それとは別に「香積台《こうしゃくだい》」や「香積局」ともいう。この「香積」の語は、大乗仏典の『維摩経《ゆいまきょう》』「香積仏品第十」で説かれるところに由来する。(5)

衆香国《しゅこうこく》という香気が充満する世界では、全てのものが香り立ち、そこに住む香積仏が言葉ではなく香りによって法を説く。楼閣《ろうかく》は香木で作られ、香地を経行《きんひん》（坐禅の合間に行う歩行禅）していると、庭園からも芳しい香りがしてくる。そして食べ物にも香気があり、その香りは十方無量の世界に流れ出している。

ここでいう〝香り〟は、まさにすばらしい「仏の教えそのもの」を指しているわけだが、禅林において「そんな美味しそうな香気（仏の教え）が充満する場所（仏道実践の場）」ということから台所を香積台や香積局と呼ぶのは、なかなか言い得て妙である。

さらに、曹洞宗ではご飯のことを香飯《きょうはん》、汁物のことを香汁《きょうじゅ》、お漬物のことを香菜《きょうさい》、食後に器に注ぐお茶（ほうじ茶）のことを香湯《こうとう》、とそれぞれ表現する。この特殊な呼び名は、禅の修行生活で一般的に用いられるが、僧堂（坐禅堂）で行われる本飯台《ほんはんだい》の際にはその存在感が増す。本飯台とは、叢林の作法に則った正式な食事様式のことで、給仕を行う浄人と、食事を受ける雲水とに分かれて行じられる。この時、喝食行者《かっしきあんじゃ》の役についた者が、坐して待つ雲水に向け、これからどの料理が配られるのか、大声且つ言葉を伸ばし気味に告げるのである。例えば、

「きょーはーん」と告げられれば、浄人が「香飯」の入った木桶を持って入堂し、作法通り配膳をして回るという具合だ。

禅の食事は、仏道修行としてかくの如く実践される。そして、一つひとつ配膳される食事に〝香〟の文字が当てられていることからも、食べ手には、仏の教えをまとった食べ物として、ありがたく頂く姿勢が求められるのである。また、五観《ごかん》の偈の精神をしっかりと心に留め、細かな食事作法《じきじ》を丁寧に実践したならば、道元禅師も重視した『維摩経』の〝法等食等《ほうとうじきとう》〟の教えにある通り、一つひとつの料理自体が仏の教えそのものであるという表現には違和感を持たないであろう。

ところで、一般的に仏壇などで仏さまへのお供え物をする際、「料理にラップや蓋をしたままではいけない」といわれる。これは、仏さまは食べ物の〝香り〟を頂くからだと説明されるところから来ているのだが、「仏教」が「香り」と密接に関係していることが、こうした話にも象徴的に表れているのである。

（1）篠田統『中国食物史』柴田書店、一九七四、一〇四、一一三頁
（2）池田魯参『宝慶記　道元の入宋求法ノート』大東出版社、二〇〇四、一六―一一六頁
（3）高楠博士功績記念会：纂訳『南伝大蔵経』第二巻（律蔵二）、大蔵出版、一九七〇、一三九頁

（4）片山一良・訳『パーリ仏典〈第三期3〉長部（ディーガニカーヤ）大篇Ⅰ』大蔵出版、二〇〇四、三八―三九頁
（5）『大正新脩大蔵経』一四巻、五五二頁上一六―一一、鳩摩羅什訳『維摩詰所説経』

四　絆をもって道心となす

自ら行じる

辛い、しんどい、面倒くさいことは、自分でやらないといけないと思いながらも、他の人にやってもらいたい。それを実際に行動に移したことはなくとも、そうした甘え心が頭をよぎることは誰にでもある。

そんな時、道元禅師は、古来のすぐれた禅僧たちが、軒並み典座《てんぞ》職を経験していることを例に挙げながら、「典座は絆《ばん》をもって道心となす(1)」と修行者を励ましている。絆とは、〝タスキ〟のこと。つまり、「典座は自らタスキをかけて職責を全うすることが大切である」ということである。しかし、当時の雲水たちも、今の我々同様、頭では分かっていても一歩前に足を出すことができないこともあっただろう。禅には「行解相応《ぎょうげそうおう》」という言葉があり、頭で考えていることと行動が一致することを意味するが、まさにこのことを指しているのである。

漉し袋の実践

その一つの例として、道元禅師は米を研ぐ際には、漉《こ》し袋を使いなさいと諭している。「米一粒も無駄にしてはいけない」という教えを実践するにあたって、具体的な行動として漉し袋に研いだ後の水を流し、米を流さないようにするということだ。

しかし、我々の生活を振り返ってみると、米を研ぐときに飛び出た米をそのまま流してしまってはいまいか？ 「シンクに直接触れた物は汚いじゃないか！」と反発がありそうだが、それはシンクを不衛生にしているからこその発言でもある。わたしが修行した永平寺では、シンクは常に衛生的に保つことが徹底されていた。そうすれば、何かの拍子にシンクに落ちた食材でも、軽く洗えば捨てずに済む。このように、「無駄にしない」ことを前提にすれば、具体的な行動として何をすればよいのか、おのずと分かってくる。

ちなみに、ここでいう漉し袋というのは、今で言えば流しに付けるゴミ取りネットや三角コーナー用ネットの類であろう。そこに流した物を口にするというのは、さすがに抵抗があるかもしれない。現代人にとっては、そのネットに入ったものは〝ゴミ〟として認識されるからである。ここに、ネットに入る直前まで食材として認識されていたものを、一瞬にしてゴミに変化させてしまう自己の心の在りようが観察されるのだ。

といっても、ネットの中身を食べるべきだと主張しているわけではない。まだ食べられる食材をゴミにするのはまさに自分自身なのだという気づきを得たならば、例えば三角コーナーに入れる前に、今まで無意識に捨てていた野菜の断片を空いた皿にでも取り分け、〝まだ使える〟という視点の中で上手に使ってこそ禅の修行と言える。その結果、無駄が排され、ゴミの量も目に見えて減少していくことだろう。

典座のこころ

ここまで、〝典座〟という用語は何度も登場しているが、誰にも教わることなく初めてこの文字を目にしたとき、「仏道で調理を司る役職のこと」と理解する人がどれだけいるだろうか。そう勘ぐってしまうほど、文字面《もじづら》と意味の間に乖離《かいり》がある。

佐々木閑氏によれば、「典座」の直接の語源は、『摩訶僧祇律《まかそうぎりつ》』巻六「僧残戒《そうざんかい》第八」にある「**典**次付床**座**」の語であるという。[2] これは、陀驃摩羅子（ダッバ・マッラプッタ長老）が僧団員に対して行う九つの役務のうち、一番目に挙げられたものである。

ちなみにその九つとは次の通りで、ダッバ・マッラプッタ長老は、他の僧団員たちに推される形で管理者となった。

一、「**典**次付床**座**」順序に従って、床座を割り当てる
二、「典次差請会」順序に従って、施主家の招待を受ける僧を指名する
三、「典次分房舎」順序に従って、住居を割り当てる
四、「典次分衣物」順序に従って、衣を配分する
五、「典次分花香」順序に従って、花や香を配分する
六、「典次分果蓏」順序に従って、果物を配分する
七、「典次知煖水人」順序に従って、水を温める役の人を指名する
八、「典次分雑餅食」順序に従って、おやつ類を配分する
九、「典次知随意挙堪事人」順序に従って、種々の役に必要な人を適宜任命する

このように九つの役務が記載されているのは大衆部《だいしゅぶ》の『摩訶僧祇律』だけで、その他の部派仏教の律蔵では「臥坐具の配分」と「請食の差配」の二つ（『摩訶僧祇律』の一と二に相当）のみとなっている。そうすると、『摩訶僧祇律』の記述からは、「床座を割り当てる」ことを筆頭に、「雑事の管理人」というイメージが生じやすい。

ところで、律には「典座」という単語は登場しない。いや、厳密には『根本説一切有部毘奈《こんぽんせついっさいうぶびな》

耶雑事《やぞうじ》』巻一九には登場する。これを訳した八世紀前半の義浄《ぎじょう》三蔵（六三五〜七一三）の時代、中国仏教教団には、「僧団の物品、施物を管理する人」という意味の「典座」の役職が存在しており、それに沿った漢訳はなされているものの、我々のよく知る〝調理を司る者〟という意味の「典座」は、全ての律蔵に見ることができない。

では、律以外ではどうかというと、「典座」は、『摩訶僧祇律』を根拠とする「雑事の管理人」、もしくは「調理を司る者」のどちらかの意味で用いられる。円仁《えんにん》『入唐求法巡礼行記《にっとうぐほうじゅんれいこうき》』（八三八〜八四七年）、賛寧《さんねい》『大宋僧史略《たいそうそうしりゃく》』（九七八〜九九九年）、道誠《どうせい》『釈氏要覧《しゃくしようらん》』（一〇一九年）が「雑事の管理人」。静《じょう》と筠《きん》『祖堂集《そどうしゅう》』（九五二年）、長蘆宗賾《ちょうろそうさく》『禅苑清規《ぜんねんしんぎ》』（一一〇三年）などの禅籍が「調理を司る者」といった具合だ。

つまり、「典座」はもともと「雑事の管理人」という意味であったが、いつしか禅仏教の中で「調理のみを司る者」というポジションに落ち着くこととなった。

さて、『典座教訓』には、その典座がどのような気持ちで食材と向き合い、調理を行えばよいか説かれている。それがそのまま具体的な仏道の実践方法と理解されるわけだが、例えば次のようにある。

「一見粗末な食材を使った料理を作る時であっても、これを嫌がったり、いい加減に扱ったりする心を起こしてはならない。また、上等な食材を使った料理を作る場合でも、それに喜び浮かれるような心を起こしてはならない。ただ一心に美味しい料理を作るようにつとめるのみである[3]」

このように、ものの善し悪しに心が左右されることを戒めており、裏を返せば、それだけ我々人間は物に執着し、動揺しやすい存在であるということを示している。だからこそ、どんなものに対しても、上下をつけず、すべてを大切に扱うという実践が促されるのである。

加えて、同じ項に「凡《およ》そ物色《もっしき》を調弁《ちょうべん》するには、凡眼《ぼんげん》を以《もっ》て観ること莫《なか》れ、凡情《ぼんじょう》を以て念《おも》うこと莫れ」とも示される。これを意訳すると、「食事を調理する際には、凡夫《ぼんぷ》の見識でものを見てはならないし、凡夫の基準でものを判断してはいけない」となる。ここで言う〝凡夫〟とは、己の色眼鏡を通してものを見て、善い悪いの判断を自分勝手に下し、ものに差をつけて理解しようとする人間、つまりそのまま我々のことを指している。

「分別智」と「無分別智」

我々は、基本的に物事を明確且つ適切に判断しようと努めている。「善い／悪い」「上／下」「高い／安い」「楽しい／苦しい」「強い／弱い」など、あらゆることを二項対立させ、複雑な現実を一度シンプルな形に置き換えることで、理解をしようと試みるわけだ。「分別《ふんべつ》」という言葉があるが、これは一般的には「善悪をわきまえる」というポジティブな意味で使用される。しかし、その分別ある見識（分別智）を持つ人のことを、仏教では〝凡夫〟と呼ぶのである。分別智を持つことは、社会で生きる我々にとって、非常に便利なスキルとなる。それは、最大公約数のルールをわきまえさえすれば、一応の信用を獲得することができるからであるが、そのルールは必ずしも正しさを伴うものとはなっていない。社会のルールというものは、いつのまにか自分自身の行動規範として根付き、そこから外れる人や事象を異物として認識し排除しようと機能する。

とはいえ、仏教は社会を対象としたものというよりも、基本的には個人の苦悩をなんとかするための方法論として存在している。この分別智は、「善い／悪い」といった判断を、我々の頭の中で即座に行わせ、目の前の人や事象に相対《あいたい》する時にごく自然に色眼鏡をかけさせる。仮にその色眼鏡を通して見た世界が、自分に動揺を与えるものであったならば、我々の行動は自ずと萎縮してしまう。つまり、自分で自分を縛る状況に陥っていると言えるわけだが、こうした二項対立で世界を認識することをやめる見識を、仏教では「無分別智」と呼ぶ。

多くの苦悩は、このように自分が自分勝手に作り出している側面があるが、苦悩をもたらしていると感じる出来事そのものは、ただの現象に過ぎない。自分が一〇〇パーセント周りのせいだと感じている時も、その現象を分別智を通して見るからそうなるわけで、案外自分から袋小路に迷い込んでいることが少なくないのだ。

そして、「量の多い少ない、質の好し悪しをあげつらってはならない。ただひたすら誠意を尽くして調理をするだけである」[4]と、道元禅師は言う。調理の際に、凡夫の見識や価値基準を持ち込まないというのは、そういった自己の心の在りようの中で、ちょっとした気づきを大切にしつつ、やるべきことを誠意をもって粛々と行うことに他ならないのである。

役割をまっとうする

道元禅師は南宋での遊行《ゆぎょう》時代に、確かなところで八つほどの寺院を渡り歩いている。そこで見聞きしたところでは、典座を始めとする禅宗寺院の重要な役職の人々は、一年間の任期でそれぞれつとめに励んでいたという。しかも、その重役を担う人々は、皆共通した心構えを踏まえて任に当たっていた。

(一) 他のためになしたことは、同時に自分の利益をも豊かにする。
(二) 修行道場を盛んにし、禅門の風格を更に向上させる。
(三) すぐれた古人と肩を並べ、先頭を競いあい、古人のすぐあとについて、その行跡を大事にする。[5]

この三つの心構えは、修行僧の上に立つ住持が持つものであるが、その下につく重役、ひいては雲水全員が持つべき心構えでもある。

（一）にある「自利利他」の考え方は、仏教の根底に流れる基本精神である。共に修行に励む人々の利益になるように（利他）、自己の役割を全うすることは、同時に自らの修行を深めることにもなる（自利）。このように、自他がひとつの姿として認められる関係（自他一如）にあることを知ることが重要である。

このような自利利他を基本としつつ、禅の修行を全うすることで、（二）にあるように仏法の根付いた活気のある修行道場にすることができる。この活気は、雲水一人ひとりの在り方に支えられていることを忘れてはならない。

そして、（三）の通り、釈尊などの過去の偉人たちには到底《とうてい》敵わないわけではなく、肩を並べるどころか、さらに先に進もうとすることこそが、彼ら偉人たちが歩んだ道であり、継承すべき仏道である。この仏道とは、釈尊や祖師方が設定した世界観を生きることではない。過去に釈尊が抱いた問題意識を共有し、釈尊が行ったように自己と向き合い、試行錯誤し、自ら実践することこそが仏道なのである。実際、潙山霊祐《いさんれいゆう》禅師や洞山守初《とうざんしゅしょ》禅師は、典座職にあったときに覚《さと》りを開いている。ちなみに、覚りは釈尊の専売特許ではない。釈尊のことを仏陀《ぶっだ》と呼ぶことがあるが、仏陀は「目覚めた人」という意味で、覚りを開いた人々全般のことを指す。このように、大乗仏教では、誰にでも仏陀になる可能性が備わっていると考えるのである。

ところで、道元禅師は『正法眼蔵《しょうぼうげんぞう》』「菩提薩埵四摂法《ぼだいさったししょうぼう》」の中で、「愚人が思うところは、利他を先としたら、自分の利益が、取り除かれてしまうであろうと思う。そうではないのである。利行は一法（ただ一つの法）であり、余すところなく自他を利する」[6]と言っている。ついつい、凡夫である我々はここで言う「愚かな者」になってしまいがちであるが、普段行っている何気ない日常の営みにこそ、道元禅師の示す三つの心構えをベースに、絆をもって道心となすことが大切なのである。

（1）道元（全訳注：中村璋八・石川力山・中村信幸）『典座教訓・赴粥飯法』講談社学術文庫、一九九一、三四―三五頁

（2）佐々木閑「典座に関する一考察」『禅文化研究所紀要』一九号、一九九三

（3）道元（全訳注：中村璋八・石川力山・中村信幸）『典座教訓・赴粥飯法』講談社学術文庫、一九九一、四五―四七頁

（4）道元（全訳注：中村璋八・石川力山・中村信幸）『典座教訓・赴粥飯法』講談社学術文庫、一九九一、三七―三九頁

（5）篠原寿雄『典座教訓――禅心の生活』大蔵出版、一九六九、二一九―二二〇頁

（6）水野弥穂子：訳註『原文対照現代語訳　道元禅師全集　正法眼蔵7』春秋社、二〇〇九、一五四頁

五　調理前・調理中・調理後の心構え

調理を始める前にやるべきこと

永平寺の調理場である大庫院《だいくいん》に配属され、初期に教わるのが、調理を行う前に環境を綺麗に整えることだった。これは、自分が調理をしやすいように、まず場を整えることを指すが、実はこれがかなり重要で、最終的には全体の手際に響いてくる。例えば、自分の家であれば使い慣れた条件で調理ができるが、慣れない場所で調理をするときは、何がどこに、どれだけあるかも分からない状態でスタートしなければならず、その分無駄な時間を使うこととなる。となると、まずやるべきことは、まな板、鍋、フライパン、コンロの数、食器などの調理器具の確認である。その次に、作業スペースの確保。目の前がモノであふれかえっているようでは、当然調理はしにくい。また、シンクに移した使用済み器具は、即座に洗って片付けることを徹底することで、気持ちよく調理に集中することができる。シンク内にモノが溜まると、洗いの工程でもたついてしまったり、食器や器具が傷ついてしまったりと、デメリットしか存在せず、溜めてしまうような人の傾向として、手際に関してあまりスムーズではない印象を受ける。

そこで、あまりそうとは認識されないが、シンクもひとつの〝調理器具〟ととらえてみてはいかがだろう。調理器具であるならば、鍋や包丁などと同様に、シンクもまた使用時の清潔さが求められる。それがクリアされていれば、お米を研ぐときに、シンクにこぼれ落ちたお米を汚いといって流してしまうこともなく、大切な食材が無駄になることはない。わたしが修行していた頃の永平寺では、その点も徹底され、シンクは他の調理器具と同様に清潔に保たれていた。それに倣って、わたしの調理はシンクを磨くところから始まる。

次に、作業スペースが確保できたなら、今度はまな板と包丁をセットする。両面を洗ったまな板を、水気を絞ったタオルやキッチンペーパーの上に置いて、動きにくくするのだ。そして、乾いたタオルをまな板の上方に少し隙間を空けてたたみ、その上に包丁を置けばセット完了。簡易的にでも自分の使いやすい様式にするだけで、脳内が整理されて、結果的に作業効率の向上につながる。

さらに、これから作る料理に応じて、必要な調理器具や食材・調味料を用意し、調理に入るわけだが、わたしの場合、作業効率を考えて、鍋を火にかけながら野菜を切り、洗い物もするという、マルチタスク処理を行うのが常である。ただこれは、段取りが分かっていて、「この工程には何分かかるな」といった予測が立つからこそ可能なことだ。

では、段取り立てが難しい人はどうすればよいか。その答えは、食材をはじめに全て切ってしまうことである。そうすることで、目の前の作業スペースやシンクの中が、生ゴミや食品トレー、包装ビニールでごった返すのを防ぎつつ、その後の工程の見通しも立ちやすくなる。さらに、切った食材は、料理を盛り付ける大きめのお皿にでも入れておけば、洗い物も少量で済み、細々したお皿に小分けするよりも、圧倒的に時間短縮になる。もっと言えば、使用する前の鍋やフライパンも、使い方次第では食材を置くスペースになるわけで、これまた洗い物を減らすことができる。

ちなみに、この洗い物を減らすことは、禅の実践としての調理という観点からもおろそかにできない。曹洞宗大本山永平寺の龍門と呼ばれる参道入り口に、永平寺七十三世熊沢泰禅《くまざわたいぜん》禅師筆による「杓底一残水《しゃくていのいちざんすい》、汲流千億人《ながれをくむせんおくにん》」と書かれた門柱がある。これは、「一杓の水でも元の川へ流れることによって、見知らぬ多くの人が恩恵にあずかる」という意味で、道元禅師が、毎朝仏前に供える水を門前の谷川から汲むとき、柄杓《ひしゃく》の底に残ったわずかな水でも捨てず、つつましやかにもとの谷川に戻されたという、道元禅師の禅風が窺い知れる逸話が元となる。それを、後世の人がこのように句として詠んだわけだが、水の一滴さえも無駄にしないという在り方は、永平寺での生活の中で今なお雲水《うんすい》たちに徹底されている。

ここまで書いてきたことは、「目の前の作業スペースをいかに広く維持しながら調理ができるか」という視点を持つことである。これを〝難しそうだな〟と感じる人もあるだろうが、これればかりは訓練である。頭を回転させて、日々の経験を積むしかないが、雲水たちがそうであるように、やっていくうちに誰でもできるようになるので心配の必要はない。何にせよ、心の作業スペースも広く持つことが肝要なのである。

調理中、何を思うか

次に、調理中の心構えについてであるが、再び『禅苑清規《ぜんねんしんぎ》』「典座」の章の「食事を作るには、必ず仏道を求めるその心を働かせて、季節にしたがって、春夏秋冬の折々の材料を用い、食事に変化を加え、修行僧達が気持ちよく食べられ、身も心も安楽になるように心がけなければならない(1)」を見ていきたい。

仏道修行をベースにしながら、旬の食材を使って修行僧たちにおもてなしのこころで尽くすことの重要性が語られているわけだが、仏道実践として自己に意識を向けながらも、周りの修行僧に尽くすというのは、はたしてどういうことか？

これを理解するには、仏教の根本的な考え方を知る必要がある。仏教には、「全ての現象は常に変化し続け（諸行無常《しょぎょうむじょう》）、どれとして一つの実体というものは存在せず、他のものとの関係性の中でしか存在しえない（諸法無我《しょほうむが》）」という世界のとらえ方があり、例えば〝わたし〟という存在をひとつとっても、固有の実体としては存在しないという。そう聞くと「いやいや、〝わたし〟という他の誰とも異なる独立した存在は、確かにここにいるじゃないか!!」と思われるかもしれないが、この〝わたし〟を〝わたし〟たらしめているものは、実は〝わたし〟という個体ではない。

ではここでひとつ、思考実験をしてみたい。言葉の成り立ちからとらえると理解しやすいのだが、何もない空間にあなたひとりしか存在しないとする。他には何も存在しない。こうした状況から、〝わたし〟という言葉は果たして生まれるだろうか？

そう、もうお分かりの通り、〝わたし〟という言葉はおろか、概念すら生じはしない。なぜなら、この状況では〝わたし〟と主張する必要性がないからだ。つまり、他者の存在があって初めて〝わたし〟と主張する必要性が生まれるのである。となれば、この〝わたし〟を規定しているのは、他者の存在であり、自他一如《じたいちにょ》、つまり、自己と他者は同じものであるといっても過言ではなくなる。

ここまで理解できれば、なぜ自己を見つめることと他者である雲水たちに尽くすことが同時に行われるのかお分かりになるだろう。他者に尽くすことは即ち、自己に尽くすことと同じであり、この感覚をもって調理を行うことが、仏道を求めるこころを働かせるということに他ならない。

また、季節に従って、春夏秋冬の折々の材料を用い、食事に変化を加える。自分発信の心遣いで雲水たちに喜んでもらうことを、自己の喜びとする。この好循環を生じさせるこころの構えこそが、仏教的な在りようを象徴している。しかし、決して美食に走るというわけではない。ここで示されるのは、典座《てんぞ》は調理を軽んじたり、面倒くさいと感じたりする自己のこころの弱さと向き合い、任にあたってはそれらの葛藤を乗り越えてベストを尽くすべしということなのである。

調理をスムーズにする片付け法

ところで、台所の中での片付けは、シンク絡みだけではない。洗った器具を棚なり引き出しなりに収めなくてはならない。これに関して『典座教訓』では「高いところに置くべきものは高いところに置き、低いところに置くべきは低いところに置きなさい。高所は高平に、低所は低平に」とある。[2]

きれいに並んだ調理器具というものは、目にも美しく映るものだ。洋風のレストランで壁に整然と吊るされた銅製のフライパンを見ると、利用のしやすさは想像に難くないだろうし、空間デザインとしても美しい。

実際、永平寺を始めとする曹洞宗の修行道場では、この『典座教訓』に則り、大量調理につかう巨大な器物から、家庭でも使う小物まで、決まった場所に決まった置き方で整然と並んでいる。それは、一センチたりともズレることなく、置かれる向きも全て決まっているほどで、上山したての修行僧はまずこの徹底ぶりに「ここまでするものなのか！」と驚きを禁じえない。しかし、そのやり方を実践するうちに、非常に機能的且つ合理的な収納法であることが分かってくる。無駄が極限まで削ぎ落とされた環境に合わせるように、知らぬ間に無駄のない動きを自分自身がとるようになるのだ。これこそが、機能美の妙というものなのだろう。

ところが、禅の実践では、その先の〝気づき〟を大切にする。それは、あるべき場所にモノを置き、それぞれ安定させることは、そのまま自己の心身の安定にもつながる。高所には比較的軽い小物を、低所には重く大きな鍋類を置くように、それぞれ安定させて置くことのできる場所があるように、わたしたちは一人の人間でありながら、その場その場で与えられる異なる役割というものが存在している。重い鍋のような役割の時もあれば、軽い小物のような役割もあるだろう。その瞬間その瞬間に、その役割に相応《ふさわ》しい自己の能力や持ち味を十分に発揮することが、自己の調和の保たれた姿であり、安定した生き方の実践と言えるのだ。

仏教ではこうした在りようを「住法位《じゅうほうい》」と呼ぶが、かつて日本の仏教界では典座の任は下働きの仕事だとばかりとらえられてきた。しかし、道元禅師の登場によって「典座職を全うすることがそのまま仏道修行となる」という思想の一大転換が起き、その背景には、このあたりの考え方が作用していると理解されるのである。

（1）鏡島元隆／佐藤達玄／小坂機融『訳註 禅苑清規』曹洞宗宗務庁、一九七二、一一六―一一七頁

（2）道元（全訳注：中村璋八・石川力山・中村信幸）『典座教訓・赴粥飯法』講談社学術文庫、一九九一、三七―三八頁

六　食材と向き合う

食材を大切に扱う

「ご飯粒を残すと、目がつぶれる」

この言葉は、ほとんどの方がどこかで耳にしたことがあるのではないだろうか。実際、食事に関する躾《しつけ》の際に語られることの多いフレーズである。

だが、なぜご飯粒を残すと〝目〟がつぶれるのだろうか？　普通に考えれば、食べる行為は口を使うのだから、むしろ口や舌に罰が当たる方が自然であろう。

一般的に「お米のひと粒ひと粒までも、粗末にしてはいけない」といった意味で戒めとして使われる言葉であるが、その背景には〝日本人の米食文化を支える米農家さんに対する感謝〟や、あらゆるものに命が宿っているとする伝統的なアニミズムの観点から〝ひとつひとつのお米の命を無駄にしては、もったいない〟といった感覚が存在する。しかし、これらはなぜ〝目がつぶれる〟のかという疑問に対して、直接答えてはいない。

『典座教訓《てんぞきょうくん》』の中で道元禅師は、北宋時代に活躍した保寧山仁勇《ほねいざんにんゆう》禅師の「眼睛《がんぜい》なる常住物《じょうじゅうもつ》を護惜《ごしゃく》せよ」という言葉を引用しながら、「米や野菜などの材料を人間の目のように大切にしなさい」(1)と述べている。つまり、人体の中でも特に〝目〟が重要視されていたことの表れであるが、長年、長野県で青少年の教育に携わってきた奥村秀雄氏は、平成一一年に長野市立柳町中学校で開催された「長野市西部ブロック母親の会」の講演で、「ご飯を粗末にするような子には、その物がどんな命を持っているかという本質を見抜く心の窓が曇るということを教えた」と語っており、(2)〝つぶれる目〟とは実際の目のことではなく、食にまつわる構造や背景を見渡すことのできる〝こころの目〟であると位置づけていた。

このこころの目から世界を見渡し、主体的に生きていこうというのが、まさに精進料理の背景にある禅仏教の立場と言える。しかし現実には、人間関係やお金、時間、体調など様々なしがらみに縛られながら生活を送っているのが普通だ。ところが、このこころの目を通すと、「わたしを縛りつける存在は、本当に自分の外にあるのか?」という問いを生じさせてくれる。

わたしたち人間は、自分の周りで起きた現象を、ただ起きた現象としてとらえることができず、何かしら意味を持たせる傾向にある。例えば、雷や嵐といった自然の猛威を神の怒りによるものと理解した時代もあった。しかし、そのように勝手に意味を持たせているのは、他ならない自分自身である。

まず、このように余計な色眼鏡をかけながら世界を見渡している自己の現実に気づけと禅仏教では言う。わたしたちは知らぬ間に、善い・悪い、高い・低い、優・劣など、多くの二項対立する価値観で世界を推し量りながら、単純化して理解しようとしてしまう。確かに、その時所属する社会の価値観と合致していれば、とりあえず生活しやすい状況には置かれるが、必ずしもそうならないのが世の常。勝手に作った（作られた）価値観や固定観念に左右されず、あるがままの在りようを感じて生きることは到底《とうてい》できるものではない。

そこでポイントとなるのが、あるがままにものを見る〝眼睛（こころの目）〟を養うことである。『典座教訓』にいう先の「米や野菜などの材料を人間の目のように大切にしなさい」の言葉も、文字面をなぞれば、何となく分かったような気になるが、実際に、自分のことのように食材を大切にすることができるだろうか？　そこを実践して実感するところまで体験するのが禅仏教である。あれこれ考える前に、食材を大切に扱ってみることが大切なのだ。

実際にやってみることで、見えてくる景色も違ってくることだろう。

食材のいのちを使い切る

ここまでも、食材を大切に扱う精神については述べてきた。では、大切に扱うというのは具体的にどういったことなのだろうか？

『典座教訓』に、「一本の野菜を手に取り、一丈六尺の仏の身として用い、十分に活用し、また一丈六尺の仏身を一本の野菜にこめて、これを大切に用いる(3)」という一文がある。ここに全てが集約されているわけだが、簡単に言うと「どんな食材ともしっかりと向き合って、余すところなく使い切る」ということになる。この時、もしも「仏の身」という表現に抵抗があるなら、「尊いいのち」と読み替えても良いだろう。

よく、わたしたちは「野菜クズ」や「クズ野菜」など、野菜の剥いた皮や切れ端についてこういった表現を使う。しかし、それは本当に〝クズ〟なのだろうか。野菜の一部という存在以上でも以下でもないにもかかわらず、勝手に〝クズ〟扱いをしてはいまいか。クズだと思うから、三角コーナーやゴミ箱に何の抵抗もなしに捨てることができるわけで、その前にワンクッション、お皿なりバットなりを用意して、そこに皮や切れ端をいったん置いてみる。そして考えるのだ。

本当に、これらを活用する方法はないのか？　と。

例えば大多数の方が捨てていると思われるピーマンのワタ。たくさんの種がくっついているので、種を取り除く手間がかかるわけだが、実際に使うとなれば、家庭料理で処理をする量はたかが知れており、そこまで面倒な作業でもない。しかもこのワタ、食べてみるとなかなか美味しい。また、えのきだけの下部三分の一も捨てられやすい部分だが、底の菌床とくっついていた部分を丁寧に削れば、これまた上部とは異なる歯ごたえのよい食材となる。実際に一度でも使用してみると、今まで何の気なしにポイっと捨てていた行為が、馬鹿らしく感じられるようになる。それだけ、端物には端物の持つ独特のよさがあるものなのだ。

そういった認識を、禅寺の雲水たちは徹底的に叩き込まれるので、「洗米の最中にうっかり流れ出てしまった米一粒をも無駄にはしない」というように、道元禅師の重んじられた食材を無駄なく活用する姿勢が自然と身に付いている。おそらく誰もが、端物を気軽に捨てず、お皿やバットに置く癖をつければ、今までと違った気持ちで食材と向き合うことができるだろう。

さらに、一流レストランの賄《まかな》い料理は、数や形がそろわないという理由から、こうした客には出せない端物を利用して作られると聞く。賄いにコストはかけられないという経営上の事情もあるだろうが、一般的には端物とされるものも、プロの料理人にとっては工夫のしどころで、駆け出しの料理人の腕を見るよい機会になる。例えば、普通は剥いて捨ててしまう人参の皮などは、フランス料理ではダシを引くのに利用されると言う。つまり、こういったことは一般家庭でも積極的に取り入れていきたいテクニックであるし、どうやったら美味しく調理ができるのかと考えるきっかけにもなる。その中で、新たな発見や気づきも出てくるだろうし、食材の命を余すことなく使い切ること自体、すっきりと気持ちのよい行為となる。

典座に必要な三つの心

『典座教訓』の最後に、典座の心構えとして「三心」という考え方が記されている。(4) 三心とは、「喜心《きしん》」「老心《ろうしん》」「大心《だいしん》」の三つ。

まず「喜心」は、「他人のためにことを成し、その人が苦を離れて楽を得るのを見て、己の喜びとする心」のこと。普段から料理を作る人であれば、相手が美味しく食べる姿を見て、「料理を作ってよかったなぁ」と感慨にふけることもあるだろう。

しかし、相手の反応に喜びを感じることだけが全てではない。自分の心に不平不満がなく、自分の職責に対して十分に敬意を払い、心から日々のつとめに邁進していることがその前提になければならない。つまり、食事を作らせていただけることへの感謝の念を、自己の喜びとして持てるかどうかも問われるのだ。

次に「老心」だが、これは「老婆心」のことで、「我が身を顧《かえり》みず、深い慈しみから親身になって他者に関わる心」を言う。料理をする者は、自分の料理を食べていただく相手だけではなく、食材そのものへの感謝や、丁寧に扱う心を忘れないことが大切である。ここでのポイントは、〝我が身を顧みず〟という部分で、何かの見返りを期待しないという姿勢が問われる。見返りを期待してしまうと、我々はつい自分の都合のよいように相手をコントロールしてしまいそうになるが、それでは、〝自我〟が前に出過ぎてしまい、〝深い慈しみ〟はどこかへと追いやられることになる。

そして、最後に「大心」。「大きな山のようにどっしりと構え、大きな海のように広々とさせて、一方に偏ったり固執したりすることのない心」を指す。〝大〟の字には、自己の狭量な視野を離れ、物事を自然のあるべき姿としてとらえる在り方が含意され、例えば食に関してトラブルがあっても、広い視野に立って粛々とことにあたることが求められる。

何か動揺するようなことがあると、そのことばかりに注意が向いて、近視眼的なモノの見方しかできず、大切なことを見落としてしまいがちになる。そんな時こそ一歩ひいてとらわれを離れ、広く物事をとらえることが重要である。大問題だと感じていたことも、一歩ひいて異なる視座から眺めてみれば、案外《あんがい》大したことなかったなんてことも、日常生活ではよくあることだ。むしろ、始めからそのように考えられなかったことの方がよほど大問題である。

この三心は、そもそも修行全般の基本理念であり、その前提の上で食事の心構えとしても意識されるものである。となれば、禅修行の基本たる〝坐禅〟と当然無関係ではない。

これについて、『宝慶記《ほうきょうき》』に記された道元禅師の師・天童如浄《てんどうにょじょう》禅師の次の教えが思い浮かぶ。

いわゆる仏祖の坐禅とは、初発心《しょほっしん》より一切の諸仏の法を集めんことを願うがゆえに、坐禅の中において衆生《しゅじょう》を忘れず、衆生を捨てず、ないし昆虫にも常に慈念をたまい、誓って済度せんことを願い、あらゆる功徳《くどく》を一切に廻向《えこう》するなり。このゆえに、仏祖は常に欲界にありて坐禅弁道す。(5)

つまり坐禅は、慈念（慈悲心）から行う善根《ぜんごん》（善い行い）によって生じる功徳を、一切の衆生（迷える存在）に廻向《えこう》する（振り向ける）精神から行われるものだということである。「喜心」の、「他人のために行動し、その人が救われることを、己の喜びとする」という利他の実践は、まさにこの〝慈悲の坐禅〟と通ずるものであろう。

また、「老心」の見返りを求めない精神も、同じく利他の基本スタンスである。これまた、慈悲の坐禅と不可分ではない。

そして「大心」の不動心は、坐禅中の在り方そのものである。

このように、三心が坐禅の精神を表していることはお分かりいただけただろう。となると、あとはあなたが、日常の中でこの三心を保ち続け、具体的なアクションとして適切に表出できるかどうかが問われているのである。

（1）道元（全訳注：中村璋八・石川力山・中村信幸）『典座教訓・赴粥飯法』講談社学術文庫、一九九一、二五―二六頁
（2）奥村秀雄『敬愛のこころ：奥村秀雄先生講演選集』秀泉会、二〇〇四、一四四頁
（3）道元（全訳注：中村璋八・石川力山・中村信幸）『典座教訓・赴粥飯法』講談社学術文庫、一九九一、五〇―五二頁
（4）道元（全訳注：中村璋八・石川力山・中村信幸）『典座教訓・赴粥飯法』講談社学術文庫、一九九一、一二四―一三八頁
（5）池田魯参『宝慶記 道元の入宋求法ノート』大東出版社、二〇〇四、一〇九頁

七　典座の職と仏道

典座の僧食九拝《そうじききゅうはい》

永平寺などの曹洞宗の修行道場で、上山したての雲水たちの多くが初めて目の当たりにする「何をしているのだろう?」と感じる儀式がある。その一つが、典座《てんぞ》和尚が行う僧食九拝だ。典座という役職は、禅道場の中で極めて重要視されており、組織内の序列から言っても上位にあたるわけだが、そのような人物が最正装で毎日二回、典座寮にお祀りされている護法韋駄《ごほういだ》尊天《そんてん》の前で儀式を執り行う。

そのように聞くと、典座よりも上位の僧侶、例えば住持や道元禅師、はたまた釈尊に向けてのものかと想像するかもしれない。しかし、そうではない。なんと、礼を尽くすのは、先ほどまで自分たちで作っていた料理そのものに対してなのである。

『典座教訓』には、「昼食や朝のおかゆの支度が作法の通りに調《ととの》え終わったなら、それを庫院《くいん》（台所）の前の飯台の上にきちんと置いて、典座は袈裟《けさ》を身につけ、坐具《ざぐ》を敷き展《の》べて、まず庫院から僧堂の建物に向かって、香を焚いて九回礼拝し、九拝が終わったなら食事を僧堂に運ばせるのである」(1)と、その作法の流れが具体的に記されている。

九という数字は中国では満数にあたるので、九拝は最高の礼拝法を表すが、修行道場でも毎日行われるのは、この僧食九拝ぐらいのものである。そうしたことからも、雲水のために作られた食事に対する敬意の深さが窺《うかが》い知れるわけだが、先ほどまで自分たちが作っていた食事に向かって礼を尽くすということに、少し違和感を持つかもしれない。

実はここに、禅の糸口があるのだ。この違和感の正体は、〝わたくし〟が作った食事という、ある種の「自分のモノ」感覚へのとらわれである。人は、心のどこかで自分の所有物をどのように扱っても構わないと思い、あらゆる所有物・作成物に同じような感情を抱く。

例えば、多くの親は自分の子どもを時として所有物として扱い、しつけと称して自分の思い通りにコントロールしようとする。しかし、実の子といえども自己とは異なる存在であるという当たり前の現実を観ずれば、対象となる子どもから〝わたくし〟を差し引いて、一人の人間として扱うことができる。

禅とはつまり、この〝わたくし〟フィルターを通したものの見方を手放す実践である。自己省察してみれば、何らかの事象に接する時、事実や出来事はただそのままに存在しているだけにもかかわらず、自分の思いや感情、意志に知らぬ間に引っ張られ、信じたいことだけを真実として認識し、事実をねじ曲げて受け止めてしまっている。

典座が作った食事もまた然《しか》りだ。その食事は、これから雲水のいのちの糧として供養される大事な存在である。自分が作ったものへ礼を尽くすことに違和感を持つのは、〝わたくし〟感覚にとらわれている証拠と言える。

また、南宋の禅道場で僧食九拝を体験した道元禅師は、「現在のわが日本国の実情については、確かに仏法という名を聞くようになってから年久しいが、にもかかわらず、修行僧の食事を作法の通りに作るということに関しては、昔の人は何も書き記していないし、昔のすぐれた方々も何も教えてくれなかった。ましてや、修行僧の食べる食事に対して、典座が香を焚き心にこめて九拝の礼をして送り出すというような丁重な礼法は、いまだ夢にも見ることのできないようなものであった」(2)と『典座教訓』に記している。これは、日本仏教において、食事が仏道として実践されていなかったことの証左であり、食を通して自己を見つめるようになるには道元禅師の帰朝を待たなければならなかった。

仏道と師匠を求めるこころ

道元禅師は、南宋からの帰朝後、三年ほどは建仁寺に留まり住んでいた。しかし、当時の建仁寺では、典座という役職名はあっても、その中身は形骸化しており、典座が仏道修行として調理に取り組むというようなことは見られなかった。その現状を大いに嘆き、『典座教訓』を記して、食と仏道の在り方を説いている。

その中で、仏道修行の根本的な考え方として、典座職を例に次のようなことを言っている。

「典座というものは、仏道修行を目指す真実の心は起こしていなくても、もし悟りを開いた師匠に出会い、教えを受けることができたならば、典座の役を立派に果たすことができるし、また、たとえ優れた師匠に出会うことができなくとも、もしも深く心に仏道を求める志を起こしていたならば、必ずや典座のつとめを仏道として成し遂げることができるということ、よく知っておくべきである」[3]と。

要するに、典座のつとめをはじめ、あらゆることを仏道修行として行じていくためには、優れた指導者に教えを乞うか、自ら真の道心を起こすかのどちらかがなければならないということである。

ここで誤解をしてはいけないのが、ただ単に優れた指導者に出会うことや、道心を起こすことだけでは十分ではないという点だ。あくまでも、教理を頭で理解するだけでなく、実際に実践に移すことのできる状況がなければ成立しない事柄なのである。

その一方で、この言葉は我々へのエールとして読むこともできる。どのような領域の仕事、役割であっても、優れた指導者や導き手に出会うというのは、ご縁によるところが大きく、自分の思い通りにはいかないのが実際のところである。指導方針の違いで合う合わないもあるだろうし、人間性の相性というものもある。だが、そんな場合でも、投げやりにならず、しっかりと学び続けようと道心を持つことで、いつしか道は開けると道元禅師は言っているのである。

というのも、これは道元禅師自身の経験から出た言葉なのだ。一二二三年に南宋に到着、その後、さまざまな寺院を巡り、本当の師と仰げる人物を探し続けた。しかし、形式化し形骸化した修行道場の行事や宗義、貴族化した南宋禅宗界の実状に大きな失望を感じ、一度は諦めて日本に帰ることも考えたようである。

それでも、踏ん張って探し続けた結果、一二二五年、天童山景徳寺《てんどうざんけいとくじ》の新しい住持となった如浄《にょじょう》禅師との運命的な出会いを果たし、ようやく正師を見つけることが叶った。信念を持って求め続けたことが実を結んだのである。

二人の老典座との出会い

道元禅師は、留学先の南宋で出会った二人の老典座のことを『典座教訓』に記している。その出会いは、のちの道元禅師の仏道を方向付けるほどの大きなインパクトを与え、食と向き合う姿勢が仏道修行全体の在り方を問うものとなっている。

一人目の老典座は、道元禅師が南宋に渡ったものの寧波《ニンポー》の港で船内待機を余儀なくされていた折、そこに倭椹《わじん》（桑の実）を買いに来た六一歳の阿育王山広利寺《あいくおうざんこうりじ》の典座。若き道元禅師は、当時仏教文化の最先端を誇った本場南宋の僧侶と話がしたいと招待し、お茶でもてなした。聞けば明日は特別な説法のある日なので、雲水たちに水団《すいとん》を食べさせるべく、二〇キロもの道をはるばる歩いて食材を買いにきたという。目的のものも買えたので、明日の準備のためにすぐに戻らないといけないとのこと。しかし、もう少し話をしたい道元禅師は、「そんなことは、他の人に任せたらよいではないですか。坐禅をしたり先人の残した仏教書を読んだりせずに、なぜ自ら煩わしい典座職に励むのですか?」と問う。すると、「外国から来られた方よ、あなたは弁道修行や文字というものが分かっていないようだ」とピシャリ。何も仏の道は仏教書（文字）の中だけにあるのではなく、全ての存在・現象は、仏（真実＝世の理《ことわり》）の在りようをいつも包み隠さずまるごと表現しているということを、このとき老典座は言わんとしていた。

つまり、典座の職の中にも、ちゃんと〝仏〟は存在していて、それと向き合って実践することが大切であるということを意味しているのだが、このときの道元禅師はそれを理解することができなかった。というのも、この頃の道元禅師は、坐禅に励み、仏教書を読むことこそが弁道修行だと思い込んでいたからである。

もう一人は、天童山景徳寺での修行中に出会った六八歳の用《ゆう》という名の老典座。汗水をたらし老体に鞭を打って炎天下で海藻を干している老僧の姿を見て、「そんなお歳なのに、なぜ下の者にやらせないのですか?」と気遣うと、「他の人がやったのでは、わたしの修行にはならない。今やらなくて、いつだったら干してよいというのか」と、これまた手厳しく返されてしまう。

このエピソードに象徴されるように、自己の道は自己が主体的になって歩むことが大切であり、これを禅語では「主人公」という。とはいっても、我を張って突き進むのとは真逆で、何事も自己の一大事としてしっかりと〝今この瞬間〟に向き合う姿勢、自己の内側を見つめる姿勢が求められる。それを徹底することがまさに仏道修行であり、これはそのまま他者への慈悲心へとつながっていく。

これらの老典座との出会いを経て、道元禅師はそれまで〝雑用〟もしくは〝優先順位の低い修行〟とばかり思っていた典座の職について、受け止め方が変わったことをきっかけに、仏道修行そのものについても一八〇度考えを改めることとなった。調理も含めて行住坐臥《ぎょうじゅうざが》全ての行いは、自分次第で仏道修行として行じることができるということに気がついたのである。

（1）道元（全訳注：中村璋八・石川力山・中村信幸）『典座教訓・赴粥飯法』講談社学術文庫、一九九一、六五―六六頁

（2）道元（全訳注：中村璋八・石川力山・中村信幸）『典座教訓・赴粥飯法』講談社学術文庫、一九九一、六六―六七頁

（3）道元（全訳注：中村璋八・石川力山・中村信幸）『典座教訓・赴粥飯法』講談社学術文庫、一九九一、一一三―一一四頁

八　仏道修行として食べる

食べる仏道

これまで、『典座教訓《てんぞきょうくん》』を用いながら、食事を作る際の心得について述べてきたが、ここからは同じく道元禅師の『赴粥飯法《ふしゅくはんぽう》』を軸に〝食べる際の心得〟について取り上げていきたい。実際、料理を作る人よりも食べる人の方が圧倒的に多いことを思えば、いついかなる時も自己を徹底的に見つめる禅仏教の立場としては、掘り下げるべきテーマだと言える。

食べる側がどのような心持ちで食事と向き合えばよいかという点については、様々な食前・食後のお唱えごとと所作の存在が根拠となる。これは、浄土真宗・日蓮宗を除いたほとんどの宗派で『華厳経《けごんきょう》』「浄行品《じょうぎょうぼん》」からセレクトした偈文《げもん》を唱えている。実は、日蓮宗も『法華礼誦要文集《ほっけらいじゅようもんしゅう》』に掲載の食法《じきほう》によれば、かつては唱えられていたことが窺《うかが》えるものの、現在は唱えられなくなっている。

ところで、日本仏教諸宗派が前提としている律式の食事作法は、食事の際に十仏名《じゅうぶつみょう》の唱礼を取り入れたことでも有名な、初期中国仏教を代表する五胡十六国時代の僧侶・釈道安《しゃくどうあん》（三一二～三八五）にまで遡ることができる。そしてのちに、六朝末の中国天台宗第二祖・南岳大師慧思《えし》（五一五～五七七）『随自意三昧《ずいじいざんまい》』、その弟子の天台大師智顗《ちぎ》（五三七～五九七）『観心食法《かんじんじきほう》』、唐代の南山律宗の祖・道宣《どうせん》（五九六～六六七）『教誡新学比丘行護律儀《きょうかいしんがくびくぎょうごりつぎ》（以下、教誡律儀）』や『四分律刪繁補欠行事鈔《しぶんりつさんぱんほけつぎょうじしょう》（以下、行事鈔）』と連なり、鑑真和上《がんじんわじょう》の日本への将来、また中国への渡来僧たちが持ち帰った食法の実践、整理を経て現在に到っている。

各宗派の「食前」「食後」の作法を見ると、基本的に七粒の米を生飯《さば》として鬼神や餓鬼に施す「施食《せじき》」と、鉢を広げる展鉢や食後の洗鉢などの「受食《じゅじき》」と実際の食べ方である「喫食《きっしょく》」で構成され、細かいところでは差異はあるものの、概ね流れは似ている。

一方、「食中」の作法はというと、箸や器の扱いといった具体的な食べ方に関して、戒律の入門書として日本でも広く読まれた『教誡律儀』「二時食法第八」全六〇条[1]に諸々見えるが、日本仏教のほとんどの宗派はその中のいくつかを実践する程度、または全く規定がないという状況で、曹洞宗のように食中の作法が事細かく設定され、実践されている宗派の方が稀である。

では、当の『赴粥飯法』であるが、こと食事作法に関しては、北宋代に成立した『禅苑清《ぜんねんしん》規《ぎ》』「赴粥飯」や南宋代の無量宗寿《むりょうそうじゅ》『入衆日用清規《にっしゅにちようしんぎ》』などの禅籍からだけでなく、比丘の行持すべき所作について規制と心得を説いた『大比丘三千威儀経《だいびくさんぜんいぎきょう》』[2]や律書の『具足戒《ぐそくかい》』「百衆学《ひゃくしゅがく》法《ほう》」や『教誡律儀』「二時食法第八」「食了出堂法第九[3]」「洗鉢法第十[4]」「護鉢法第十一[5]」などからも多く引用がなされている。ここで、坐禅一筋の道元禅師が、律書を参考にしていたということで驚くかもしれないが、そもそも『禅苑清規』は『四分律《しぶんりつ》』の影響下にあり、元を辿って『四分律』系統の『具足戒』や『教誡律儀』が参考にされるのは何ら不思議なことではない。

それではここから、曹洞宗の実際の食事作法について、正式な食事である中食を例に見ていこう。

昼の日中諷経《にっちゅうふぎん》が終わるタイミングに合わせ、厨房前に設置された雲版《うんぱん》のバイ〜ン、バイ〜ンという独特な音が鳴り始まる。これを長版《ちょうはん》と呼ぶが、この間に雲水たちはそそくさと自分の寮舎に戻り、応量器を持って僧堂に向かう。長版が鳴り止むと、次に僧堂内の外単に吊された頭が龍で体が魚の形をした木彫の梆《ほう》が、しばらくの間ターンッ、ターンッと乾いた音で叩かれ続け、その間に、雲水たちは、僧堂に入って食位《じきい》となる自分の単まで行き、牀《しょう》を上って函櫃《かんき》と呼ばれる備え付けの押し入れの上に応量器を置いたあと、畳に坐ってしばらく待つ。

そして、梆が鳴り止むと、再び厨房前の雲版が鳴らされるが、これを下鉢版《あはつぱん》という。その音を合図に函櫃から応量器を持ち、通路側に向いて坐ったら、自分の斜め後ろに置き、続いて僧堂内は太鼓による大擂《だいらい》が鳴り響く。それに合わせて聖僧《しょうそう》さまに献膳が行われるが、それが終わるのを見計らって、高床の縁にあたる木でできた牀縁《じょうえん》に自分の応量器を移動させる。大擂が鳴り終わり、戒尺《かいしゃく》（拍子木）が一声《いっせい》鳴ると、その場にいる全員がようやく口を開き、「展鉢《てんぱつ》の偈」を唱える。

そして、「展鉢の偈」を唱え終えたあと、応量器の五つの器を並べて受食の準備をし、次に「十仏名」を唱え、終わったら、浄人によって料理が給仕されるので作法に則って受ける。

その後、「斎時呪願」「五観《ごかん》の偈」と続き、「生飯《さば》の偈」の時に米を七粒鉢刷《はっせつ》（漆塗りの木のへラ）に乗せ、「擎鉢《けいはつ》の偈」で匙をご飯に挿し込み、箸を汁椀に乗せ、唱え終わってようやく食事にありつくのである。

このように文字の羅列を見ても、風景を思い浮かべるのはなかなか難しいだろう。

ちなみに、食べる直前の〝擎鉢〟。これは、「鉢を擎《ささ》げる」と読み、文字通り額の上にご飯の入った鉢を〝頂く〟動作をする。もしかすると、この所作が〝いただきます〟と関係するのかもしれない。

そして、食事の途中、再請《さいしん》といって、香飯《きょうはん》（ご飯）と香汁《きょうじゅ》（汁物）のおかわりが促され、それを食べている間に、浄人が静かに各人の鉢刷の上に乗った生飯を回収していく。浄人は、食べ終えるのを見計らって、香湯《こうとう》（熱いほうじ茶）を配り、頭鉢で受けた方は、その水分で応量器を洗鉢し、続く浄水（熱湯）で再度洗って仕上げつつ、布巾で応量器を拭いて順に収めていく。「折水の偈《せっすい げ》」が唱えられ始めると、浄人が折水桶を持って、使用した中で最も小さな鎮子《くんす》に残った洗鉢水を回収していくのだが、このとき全部注いではいけない。少し残して、自らこの甘露味《かんろみ》を味わうのだ。桶の洗鉢水は生飯同様、鬼神衆に布施される。

このようにして水分がなくなると、布巾で拭き、重ね器として収鉢して元の応量器の状態に戻したら、最後に「後唄《ごばい》」を唱えて、僧堂から出て一連の食時作法は全て終了となる。

永平寺に上山してすぐの雲水たちにとって、最も苦しめられるのが、こうした食事作法《じきじさほう》である。一般的な食事マナーと異なり、この応量器を用いた特殊な食事作法は、あまりにも複雑で簡単には覚えきれるものではなく、慣れないうちは食べること自体がストレスとなる。食事を行う僧堂のルール、坐禅を組みながらの食事、応量器の配置の仕方、給仕を受ける際の所作、器や箸の上げ下ろしの仕方など、一挙手一投足全てが決められており、一つでも間違うと古参の雲水から叱責されるので、極めて窮屈なのだ。

実は、この非常に複雑な食事作法は、曹洞宗の開祖道元禅師の時代から現在に至るまで、細かな面は別として、本質的にはあまり変化することなく実践されている。といっても、尾崎正善氏が指摘するように、食堂《じきどう》での食事や、食前の『摩訶般若波羅蜜多心経』の読誦など、道元禅師や現代の我々は行っていない作法が、曹洞宗の中世資料には散見される(6)。そう考えると、変化を生む〝革新運動〟と、原点に戻る〝復古運動〟を繰り返しながら現在に至ったということなのだろう。

しかし、このように一度変わった流れを元に戻すことができるのは、道元禅師自身が、料理を作ることも食べることも、双方大切な仏道修行であると日本で初めて位置づけ、ことさら食べ方に関しては『赴粥飯法』に詳細を記してくださったおかげである。

さて、その『赴粥飯法』の冒頭には、食べる側の心構えとして、「もし能《よ》く食に於いて等なれば、諸法もまた等なり。諸法等なれば、食に於いてもまた等なり（もし、食事が等《さとり》としてきちんと行じられるならば、諸々の存在・現象も皆覚《さと》りそのものである。諸々の存在・現象が覚りそのものであれば、食事もまた覚りということになる）[7]」と、『維摩経《ゆいまきょう》』の〝法等食等〟と呼ばれる一節が引用されている。要するに、大乗仏教では、世界の隅々まで覚りの真実性がそのまま示されていると説くので、自己の食生活の中にも仏法に沿った生き方がきっちり反映されるのだから、食事との向き合い方にも気を配りなさいと諭しているのである。

ちなみに、天台智顗《ちぎ》『観心食法《かんじんじきほう》』にもこの法等食等の一節が引用され[8]、食べることを修行ととらえる姿勢では道元禅師に先んじている。後世、この精神を引き継いだ具体的な食事作法として『齋食儀《さいじきぎ》』がまとめられており、現在の天台宗ではこれに則っている。若かりし頃の道元禅師は、『観心食法』の伝わる比叡山で修行をしていたことから、この思想に直に触れていた可能性もあり、その影響が『赴粥飯法』に出ていたとしてもおかしくはない。

「五観の偈」を通して食事と向き合う

僧堂で食事をする際、いくつか唱える食前の偈文のひとつに「五観の偈」がある。これは、食事が浄人によって配膳し終わり、全ての用意が整った段階で鳴らされる戒尺(拍子木)を合図に唱えられる。この時、次に示す五つの偈頌(仏の教えを説いた詩)を順に唱え、食に対する心構えを確認していく。

「一《ひとつ》には功《こう》の多少《たしょう》を計《はか》り、彼《か》の来処《らいしょ》を量《はか》る」

〔意訳〕目の前の食べ物を生産した人々の苦労に思いを馳せ、また自分のもとへ運ばれて来るまでの経過や手間を想像し、無駄なく食すことが大切である。

自分の目前に並べられた食卓の料理。一度の料理で作る材料の種類は、数種から十数種程度。改めて考えると、それぞれの食材に生産者、運ぶ人、売る人、買う人、料理を作る人、食べる人の存在が関わっていることが分かる。このうち一人でも欠ければ、同じものが食卓に並ぶことはないわけで、毎食、わたしと料理とは一期一会の関係にあるということになる。つまり、ちょっとした条件や環境の違いで、目の前の料理は、いま目の前にあるような形では表現されない可能性すらあった奇跡的な料理と呼ぶこともできる。

であれば、文字通り〝有難い〟この奇跡的な料理と、どのように向き合っていけばよいのだろうか。それは、〝いつもの食事〟として適当に流して食べてしまうことなく、あたかも初めての食材を口にする時のような注意の向け方をし、一期一会の関係性に感謝の念を持って無駄なく全てを味わい尽くすことである。

毎度の食事に対してさえ、このように意識を傾けることができたならば、日常のあらゆることに対して広く気を配ることができるだろう。その一歩が、何気ない毎日の食事の中にあるのである。

「二《ふたつ》には己《おのれ》が徳行《とくぎょう》の、全欠《ぜんけつ》を忖《はか》って供《く》に応《おう》ず」

〔意訳〕このようなありがたい食べ物を受ける資格が自分にあるのかどうか、己の日頃の行いの是非を問う必要がある。

五観の偈の二つ目にして、非常に厳しい問いがあなたに突きつけられる。一言で言えば、「あなたはこの食事を食べるに値する人間ですか？」と、食事場面における姿勢を問うのではなく、それ以前の自己の在りようが問われるのだ。

目の前に料理が運ばれてくると、人は無条件に「食べる側」に立ち、料理は食べられる側に立つ。つまり、知らぬ間に上下関係が結ばれ、一方的に搾取する側に人は立ってしまっているのだ。さらに、一食で食べられる食材のいのちの数は通常複数ある。では、それを食べるいのちの数はいくつかと問われれば、食べる主体は人ひとりである。

このように、人は他のたくさんのいのちを搾取しなければ、いのちを永らえさせることはできない。この変え難き現実を直視した上で、五観の偈は「これから搾取される食材のいのちに報いるためにも、あなたは日頃から徳のある（仏道に適った）行いをしているのか否か、よくよく見つめる必要がある」と諭すのである。

「三《みっ》には心《しん》を防ぎ過《とが》を離るることは、貪等《とんとう》を宗《しゅう》とす」

〔意訳〕修行とは、汚れた心を清めることであり、つまりは貪瞋癡《とんじんち》の三毒を払いのけることである。食事場面ではこれらが生じやすいので、しっかりと向き合うことが大切である。

「貪等」は、善根《ぜんごん》を害する三つの心の働きである貪欲《とんよく》（貪《むさぼ》り）・瞋恚《しんに》（怒り）・愚痴《ぐち》（真実に対する無知）を指し、これらは仏教の世界で「三毒」と呼ばれる。

「貪欲」は読んで字のごとく「貪りの心」を表す。他人よりも「美味しいものが食べたい」「多く食べたい」「高価なものが食べたい」「形や色のきれいなものが食べたい」など、欲求に対してストレートな心の在りようである。こうした貪りの心が顔をのぞかせた経験は、誰にでもあるだろう。

次に、「瞋恚」は「怒りの心」を表す。人は空腹になると、イライラしたり、怒りっぽくなったりする。これは、大脳生理学的に言えば、自律神経の中の「闘争と逃走」を司る交感神経系が優位になっている状態である。そもそも、食事にありつけるのは、闘争に勝ち得た者であることを思えば、了解可能であろう。実際、食事中は交感神経が優位になり、食後はリラクゼーションを司る副交感神経が優位になることで内蔵機能が働き、消化が促進されることが知られている。

そして最後に「愚痴」。これは嘆く時にこぼす愚痴ではなく、「真実に対する無知」のことを言う。では、食事の場面における真実とは何か？　となるが、これは、五観の偈の一つ目と二つ目で示しているような、視点を変えることで見えてくる客観的事実を前提とし、自己の認識（我《が》の働きによって認識させられている）がいかに当てにならない、あいまいなものであるかを知ることである。それゆえ、我を離れ、仏の側から世界を見渡すスタンスが重要になるのだ。

こうした三毒が容易に生じる自分の姿を心の片隅に置いた上で、目の前の食事と向き合うことが、修行としての食事というわけである。

「四《よつ》には正《まさ》に良薬を事《こと》とするは、形枯《ぎょうこ》を療《りょう》ぜんが為《た》めなり」

〔意訳〕肉体を保持するための良い薬と位置づけて、食事を頂く。

「形枯」は「痩せ衰える」ことをいい、全体では「痩せ衰えるのを防ぐよい薬ですよ、食事は」といった意味になる。これは転じて、「人は食べなければ死ぬ」「この食事によって自分は生かされている」というごく当たり前のことをいっている。しかし、どうしてこのような当たり前のことを毎食前に唱えるのだろうか？

それは、人はこうした当たり前のことほど、意識できないようにできているからである。それゆえに、毎度の食事前に唱えて思い出すことが必要になる。仏教の根本教理に八正道《はっしょうどう》という八つの正しい修行の在り方があるが、その中に「正念《しょうねん》」というものが示されている。これは「正しい記憶」と訳され、心に銘記しておく戻るべきスタンスのことを指す。つまり、この偈文のように、忘れてしまいがちな当たり前のことを事前に唱えることで初心に立ち戻り、仏道修行として食事を頂く姿勢を整えることが大切だというのである。

「五《いつつ》には成道《じょうどう》のための故《ゆえ》に、今此《いまこ》の食《じき》を受く」

〔意訳〕お釈迦さまと同じ在り方で、この食事を頂く。

直訳をすれば「覚りを開くためにこの食事を頂く」となるが、曹洞宗の立場では、少し異なった解釈がされる。

曹洞宗の宗祖道元禅師は、修行は覚りを得るという目的を持って行じるものではなく、修行をしている姿がそのまま、覚りを開かれた釈尊の在り方そのものなのだという修証《しゅしょう》一等《いっとう》の立場を取る。ここで成道を「お釈迦さまと同じ境地」ととらえると、「仏道修行として」と転じることができるので、「お釈迦様のように仏道修行として、この食事を頂く」と解釈されるわけである。では、仏道修行として食事を頂くというのは具体的にどういうことか。

それは、五観の偈の内容を深く認識した上で、食事作法《じきじさほう》の実践を通して目の前の料理と向き合うということなのである。

各宗派の「五観の偈」

ここまで述べてきた「五観の偈」だが、実は曹洞宗の専売特許ではない。これは、大きく分けて「律宗系統」と「禅宗系統」の二系統に分けられ、同じ系統でも宗派によって文言や音韻が微妙に異なる。

もともとは南山律宗の道宣が真諦《しんだい》訳『律《りつ》二十二明了論《にじゅうにみょうりょうろん》』（以下、『明了論』）を参考にこれを考案したと四分律の実践マニュアル『行事鈔』に述べているものの、現存する『明了論』にはそうした記述がないので、道宣が参考にしたものが別本の可能性はあるにせよ、実質的に『行事鈔』が始まりとなっている。日本には道宣の曽孫弟子にあたる唐招提寺開山の鑑真和上（道宣―文綱―恒景―鑑真）によって伝えられ、これが「律宗系統」となる。一方、道元禅師の『赴粥飯法』のように、『禅苑清規』の五観の偈を元とするものが「禅宗系統」である。双方で文言が異なるので、唐招提寺「二時食作法」にある五観の偈から見ていきたい。

初に、功《こう》の多少を計《はか》り彼《か》の来処を量《はか》るべし。
二には、己《おのれ》が徳行《とくぎょう》の全《ぜん》か闕《けつ》か多《た》か減《げん》かを付《はか》るべし。
三には、心《しん》を防ぎ過《とが》を顕《あらわ》すは三毒に過ぎず。
四には、正しく良薬を事《こと》とし形苦《ぎょうく》を済《すく》わんことを取る。
五には、道業《どうごう》を成《じょう》ぜんが為なり、世報《せほう》は意《い》に非《あら》ず。

これは、文言的に道宣『行事鈔』「随戒釈相篇」が元になっており、五観の偈を唱える禅宗以外の宗派は、微妙に異なる点はあっても皆この系統となる。また道宣は、偈文の解釈について『行事鈔』「対施興治篇」の参照を指示しており、それを踏まえると次のようになる。

最初に、一鉢一粒のわずかな食であっても、それが長い時間と、多大な作り手の手間を経た上で成り立つという現実を深く観ずるべきである。

二つ目に、施主からの施物を受けるには、徳行たる身（坐禅）口（お経の読誦）意（仏法僧の三宝を敬うこと）の実践が自らできているのかどうかが問われる。

三つ目には、食事が美味だからといって貪り、美味しくないからといって怒り、普通の味だからといって実際のところを理解しない、といった心の揺れや、「身心が安楽になって楽しいことにしか意識が向かない」「食後に食事の余韻に浸り続けて他のことに手が付かない」「顔色がよくなることを願う」「立派な体つきになることを願う」といった四つの過失も、三毒の働きによるものなので、それぞれ防ぎ、離れることが大切である。

四つ目には、食事は身体を調え病を退けるものであり、食の好悪を問題としてはならない。

五つ目には、食事は仏道修行（【一】自己の身体を欲界〈現世〉に留め、【二】仏の智慧を相続し、【三】戒律を守り、禅定〈坐禅〉を行じ、仏の智慧を修する〝三学〟の実践）のためであって、世俗的な果報のためではない。

次に、禅宗系の五観の偈についてであるが、曹洞宗と臨済宗・黄檗《おうばく》宗では三つ目と五つ目の偈文が異なるので併記したい。

（曹洞宗）

三、防レ心離レ過貪等為レ宗
五、為二成道一故今受二此食一

三には、心《しん》を防ぎ過《とが》を離るることは貪等《とんとう》を宗《しゅう》とす。
五には、成道《じょうどう》のための故《ゆえ》に、今此《いまこ》の食《じき》を受く。

（臨済宗・黄檗宗）

三、防レ心離二過貪等一為レ宗
五、為レ成二道業一応受二此食一

三には、心《しん》を防ぎ過貪等《とがとんとう》を離るるを宗《しゅう》とす。
五には、道業《どうぎょう》を成《じょう》せんが為めに応《まさ》に此《こ》の食《じき》を受くべし。

曹洞宗の三偈目は、「〝離るるを宗とす〟なら分かるが、貪等の三毒を宗《むね》としてどうするの？」と、よく臨済宗の方からツッコミが入るが、これは、三毒（揺れる心や過失を引き起こす元凶）としっかり向き合うことこそが大切であるという意味ととらえておきたい。

さて、山本元隆氏の研究によれば、[9] 禅宗系統の「五観の偈」は、意味内容の変遷から、道宣『行事鈔』「対施興治篇」→道誠《どうせい》『釈氏要覧《しゃくしようらん》』→（黄庭堅《こうていけん》「士大夫食時五観」）→宗賾《そうさく》『禅苑清規』と連なっているという。日本の禅宗の清規は皆、現存する最古の清規である『禅苑清規』に遡れるのだが、『禅苑清規』の五観の偈が道誠『釈氏要覧』と黄庭堅「士大夫食時五観」のどちらから来たかは判明しない。このように見ると、「禅宗系統」であっても、元は道宣に行き着くのかと思われるかもしれないが、「律宗系統」は同じ道宣でも『四分律刪補随機羯磨《しぶんりつさつほずいきこんま》』「衣薬受浄篇」の五観の偈が元になっているので、文言が異なるのである。晴山俊英氏が指摘するように、[10]『明了論』にはっきりと五観が記述されていたのであれば、道宣の著述で固定できたはずだが、そうはならなかったということは、『明了論』の五観は随分と曖昧な表現であったのかもしれない。

（1）『大正新脩大蔵経』四五巻、八七二頁上二二―中四
（2）『大正新脩大蔵経』二四巻、九一二頁下二四―九二六頁上一八
（3）『大正新脩大蔵経』四五巻、八七二頁中五―一四
（4）『大正新脩大蔵経』四五巻、八七二頁一五―下四
（5）『大正新脩大蔵経』四五巻、八七二頁下五―一五

(6) 尾崎正善「展鉢法と食堂」『宗学研究』四四号、二〇〇二、一七五—一八〇頁
(7) 『大正新脩大蔵経』一四巻、五四〇頁中二〇—二三、鳩摩羅什訳『維摩詰所説経』「時維摩詰取我鉢盛満飯。謂我言。唯須菩提。若能於食等者諸法亦等。諸法等者於食亦等。如是行乞乃可取食」
(8) 大野栄人「天台『観心食法』の研究(下)」『禅研究所紀要』一〇号、一九八一、二二〇頁
(9) 山本元隆「『禅苑清規』所収『五観偈』の淵源を求めて——南山道宣から黄庭堅撰「士大夫食時五観」に至る五観偈解釈の変遷」『駒澤大学禅文化歴史博物館紀要』一号、二〇一六、四三頁
(10) 晴山俊英「五観偈について」『宗学研究』四三号、二〇〇一、一三六頁

九　食べてはいけないものがある

五葷もしくは五辛

精進料理では、食べてはいけないものがある。

そう聞くと、多くの方が、肉、魚介類、卵などの動物性の食材を思い浮かべるだろう。ちなみに、鰹《かつお》だしやコンソメなどの動物由来のだしも使えない。

禅寺の山門あたりを見回すと、「不許葷酒入坐門（葷酒坐門より入るを許さず）」や、「禁葷酒（葷酒を禁ず）」といった文字を彫りこんだ石柱を見かけることがある。あれは、「葷《くん》やお酒を、お寺の中に入れてはいけない」ということを示しており、料理への使用はおろか、そもそも寺院内に通すこと自体が禁じられている。

では、この葷とは何か？　「葷」はそもそも「ナマグサモノ」を意味する言葉で、広義には肉魚も入る概念だが、いつのまにか仏家において食べてはならない野菜のみを指すようになった。また、これは通常、五つの野菜を当てはめた「五葷《ごくん》」としてまとめられ、李時珍《りじちん》『本草綱目《ほんぞうこうもく》』に「五葷は五辛に同じである」とあるように、「五辛《ごしん》」とも呼ばれる。実は仏典だと「五葷」よりも「五辛」の表記が一般的で、おそらく生で食べた時の辛味から〝辛〟の字が用いられると思われる。そして、現代の禅家では先述の石柱の影響からか、「五辛」よりも「五葷」の方が耳なじみがよい。

さて、この五辛、唐代六六八年成立の道世《どうせい》『法苑珠林《ほうおんじゅりん》』「五辛部」によれば、『楞伽経《りょうがきょう》』には「一切葱韮蒜薤」、『涅槃経《ねはんぎょう》』には「葱韮蒜薤」、『雑阿含経《ぞうあごんきょう》』には「一者木葱。二者革葱。三者蒜。四者興渠。五者蘭葱」、『梵網経《ぼんもうきょう》』には「大蒜革葱慈葱蘭葱興渠」と、四つの経典それぞれで五辛の正体に言及している。[1] ところが、各経典を精査したところ、『涅槃経』『雑阿含経』にこの記述は見られなかった。つまり、この五つの中では四世紀後半のインドで成立した『ランカーヴァターラ・スートラ（楞伽経）』と五世紀に成立した中国撰述とされる『梵網経』をベースとすることが望ましいというわけだ。

では、この二つの経典を詳しく見ていこう。菩提流支《ぼだいるし》訳の『入楞伽経』巻第八「遮食肉品第十六」には、「五辛」や「五葷」という表記は見られないものの、肉・酒と並んで口にしてはいけないものとして「一切葱韮蒜薤」が記されている。[2] ここには、「葱《そう》（ネギ）」「韮《きゅう》（ニラ）」

「蒜《さん》（ニンニク）」「薤《かい》（ラッキョウ）」と具体的な四種類があげられ、禁食の理由としては「臭穢不浄能障聖道」、つまり、食べると悪臭と不浄によって仏道の妨げになるからだという。一般的に仏教ではよい香りを仏前に供養するほど尊ぶので、その逆の悪臭はさもありなんである。

一方、鳩摩羅什《くまらじゅう》訳と言われる『梵網経盧舎那仏説菩薩心地戒品《ぼんもうきょうるしゃなぶっせつぼさつしんちかいぼん》（以下、梵網経）』第一〇巻下では、「大蒜《だいさん》」「革葱《かくそう》」「慈葱《じそう》」「蘭葱《らんそう》」「興渠《こうきょ》《こうご》」が五辛とされる。[3]このうち、大蒜はニンニク、慈葱はネギであることは確定しているものの、革葱は（ニラ／ギョウジャニンニク／ノビル）、蘭葱は（コヒル／ギョウジャニンニク／ノビル／アサツキ）と、実際のどの野菜に対応しているかについては、はっきりとしたことは分かっていない。仏教がインド・中国・日本と、生態系の異なる地域を伝来してきた以上、このように名詞とそれが指し示す対象が異なることはままある。このあたりは森田潤司氏の研究[4]に詳しいので参照してもらいたい。

ところで、五つの野菜の呼称や内容は文献によって様々で、『楞伽経』『梵網経』を含めほかの仏典の表記を眺めてみたところ、ニンニク、ニラ、ネギ、ラッキョウなどが多くの場合当てはまっている。まれに、薑《はじかみ》（ショウガ）を五辛にいれる説を見るが、七世紀のインド仏教の実状について記された義浄《ぎじょう》『南海寄帰内法伝《なんかいききないほうでん》』に、食事の最初にショウガと塩が配られるという記述があることから、[5]ショウガを五辛に含めることは妥当ではない。

そうした中、ひときわ異彩を放っているのが、「興渠」である。これは、別名をアギ（阿魏）

と言い、『翻訳名義大集』によれば、「アサフェティダ」のこととされる。[6] これは、生ではニンニクに似た香りを持ち、油で加熱すると香りは消えてタマネギのような風味となる北アフリカ原産のセリ科の植物であり、インド料理で多用される香辛料「ヒーング」の原料として有名である。その他にも、アブラナ科の蔓菁《まんせい》（かぶ）とする説や、樹液を香料や薬として使用するマダガスカル原産のミカン科アミリス属の植物「アミリス・アガロカ」だとする説もある。

ちなみにこの興渠、北宋代の『宋高僧伝』巻第二九「唐洛陽罔極寺慧日伝（真法師）」[7]、または、江戸時代の本草学者・小野蘭山《おのらんざん》『本草綱目啓蒙』「香木類阿魏」と、中国・日本双方の文献に「この国では産出しない」とあるので、両国で実物を見た人はほとんどいなかったと考えられ、現代においてもその状況はあまり変わらない。

一方、ニンニク、ニラ、ネギ、ラッキョウなどの興渠以外の植物は、ＡＰＧ分類体系Ⅳでは、ヒガンバナ科ネギ亜科ネギ属に属するネギの仲間である。どれも硫化アリル由来の独特の香りが特徴で、西洋料理で使用されるリーキ、チャイブ、エシャロットもその仲間である。タマネギは、原産地が中央アジアで、インドでも古くから栽培されていたが、不思議なことに五葷には数えられていない。中国で広まるのは一九世紀以降と遅く、日本には江戸時代に観賞用として輸入され、明治時代になって食用として広まった。ここに挙げた野菜は全て同系種であることを思えば、仏典に五葷のひとつとして明記はされていなくとも、これらも禁止食材とみるべきであろう。そこで、「ニンニク、ニラ、ネギ、ラッキョウなどのネギの仲間を五葷（五辛）とする」と簡単に定義しておきたい。

では、なぜそもそも仏教寺院で五葷が禁止されているのだろうか。インドの部派、根本説一《こんぽんせついっ》切有部《さいうぶ》やチベット仏教で用いられる「根本説一切有部律」の一つ『根本説一切有部毘奈耶雑《こんぽんせついっさいうぶびなやぞう》事《じ》』巻六には、「釈尊がコーラサ国の首都・室羅伐城《シュラーヴァスティ》（舎衛城《しゃえいじょう》）に滞在していた頃、ニンニクを食べたある仏弟子が、自分の臭気を釈尊に嗅がせてしまうのは忍びないということで、説法の最中しばしば顔を背けていた。そのため預流果《よるか》（三界の見惑を断じた段階）を得ることができなかった。なかなか集中して話を聞けない態度の原因が臭気を気にしてのことであると知り、釈尊が調べてみると多くの者がニンニクを食べていることが分かった。そこで、ニンニク・ネギ・ニラの類の摂取を禁じたが、一方でそれらの薬効も知られていたので、病気の際には許された。しかし、他の者にとっては顔をしかめたくなるような臭気のため、使用の条件としてお寺の外の建物に住し、僧侶の持ち物を使用せず、ニンニクの場合は食べてから七日間、ネギの場合は三日間、ニラの場合は一日間経過後、沐浴とお香で体を清め、服を洗ってから寺に戻ることを定められた[8]」とある。

このように、自他ともに修行の妨げになるため禁じられたという側面と、『首楞厳経《しゅりょうごんきょう》』に「まさに世間の五種の辛菜を断つべし。この五種の辛は熟せるを食すれば淫を発し、生をくらわば恚《いかり》を増す(9)」とあるように、修行生活に必要のない性欲や、根本的な三つの煩悩(三毒)の一つである「怒り」をみだらに高めないという側面があったようである。

肉

釈尊の時代はもとより、大乗仏教が成立する以前の仏教では、肉食について実に寛容であった。部派仏教の大衆部《だいしゅぶ》が用いた『摩訶僧祇律《まかそうぎりつ》』には、次にあげるようなエピソードが記されていると小倉玄照氏は指摘する(10)。

祇園精舎《ぎおんしょうじゃ》の僧侶が托鉢中、肉片を口に含んで飛んでいた鳥が、鉢の中にそれを落とした。僧侶はそのまま精舎に持ち帰り、煮て食べる。他の僧侶たちは拾得物を黙って食べたことを問題にするも、長老が「鳥が落としたものは所属がないので破戒ではない」と問題にしなかった。また、ある時、盗賊が牛を盗み、殺して食べた。かなりの残肉があったので、近くで瞑想をしていた僧侶に布施をする。その時盗賊は「尊者、肉を用うるや否や?」と尋ね、その僧侶は「用う」と肉食を明確に肯定した上で精舎に持って帰り、他の僧侶たちと分かち合った。この時、盗品を食することの是非が問われるが、施されたものを食べること自体に問題はないとされた。

このように、部派仏教時代までは、肉食自体の是非は問われていない。『スッタ・ニパータ』にも、「生き物を殺すこと、……これが、なまぐさである。肉食することがなまぐさいのではない(11)」とあり、肉食を汚れた行為としてみる前提が見え隠れするものの、その是非に関する姿勢は一貫したものであることが分かる。

ちなみに、『摩訶僧祇律』巻三二には、食べてはならないタブーの肉の規定があり、「人・龍・象・馬・狗《いぬ》・烏《からす》・鷲・猪《ぶた》・猿・獅子(12)」の一〇種が該当する。実は、各部派の律によってその中身はまちまちで、法蔵部『四分律』巻五九では「象・馬・人・狗・毒蟲獣（毒のある虫や蛇）・獅子・虎・豹・熊・羆《ひぐま》(13)」、説一切有部『十誦律《じゅうじゅりつ》』巻六一では「人・象・馬・狗・蛇・鳥（雉・鶏《さけい》・鶉《うずら》・燕・鵄《とんび》・鷲・烏など）・蝦蟆《がま》・水蛭《ひる》・豺《おおかみ》・猿(14)」、化地部《けじぶ》『五分律』巻二二では、「人・象・馬・獅子・虎・豹・熊・狗・蛇(15)」、大乗仏教版『大般涅槃経《だいはつねはんぎょう》』（曇無讖《どんむせん》訳版は巻一八、慧厳《えごん》訳版は巻一六）では「人・蛇・象・馬・驢《ろば》・狗・獅子・猪・狐・猿(16)」と、それぞれ規定されている。

ところで、ここで見過ごすことができないのが『摩訶僧祇律』の〝龍〟であろう。結論からいうと、他の律の〝蛇〟に対応するわけだが、『根本説一切有部律薬事』にも見られる因縁譚(17)を読むと我々の知るあの蛇ではないと分かるので、簡単に要約してみよう。

【龍肉】人々に全く危害を加えない善良なナーガ（龍／蛇神）が、飢饉が起こった時、生活の苦しい人々に細切れにされ食べられてしまう。ある家でそのナーガが調理されるのを見た六群比丘（悪事を働く六人の仏弟子）は、自分たちにも分けてくれとお願いし食べる。すると、貰い存在である比丘たちが食べたということで、それまで食べていなかった大勢がナーガの肉に群がった。そんな中、ナーガの妻は釈尊のところに行き、「うちの主人はいつまで苦痛に耐えなければならないのでしょう。どうかナーガの肉を食べないでもらえないでしょうか」と懇願した。それを受けて釈尊は、ナーガの肉を食べることを比丘たちに禁止した。

つまり、蛇は蛇でも古代インドの神話上の蛇神であり、そもそも口にできるような動物ではない。これは、古代インドに土着のナーガ信仰を仏教が取り入れていた証しであり、インドコブラの姿を模した蛇神ナーガは、釈尊が覚りを開く際に守護をしたともいわれている。このように、仏教説話に龍はつきものとはいえ、現実的な生活規範であるはずの律に、非現実的な動物が登場しているという、なんとも不思議な世界観である。ただ、蛇は龍の化身とされるので、同様の理由で禁止されている。

また、多くの律で共通している人肉、象肉、馬肉、狗肉が禁止される根拠についても、下田正弘氏の研究を元に見ていきたい。

【人肉】　バーラナシー近郊のサールナート（鹿野苑）に、信仰心の厚いスッピア優婆塞《うばそく》とスッピアー優婆夷《うばい》の夫婦がいた。その時、一人の比丘が病の治療のため〝肉〟を必要としていたが、街に肉がなかったため、スッピアーは自らの腿《もも》の肉を切断し、調理させ、病気の比丘に与えた。それによりスッピアーは病床に伏すことになったが、夫のスッピアはその話を聞いて大変喜び、妻の浄心を賛嘆した。そして、スッピアはことの始終を釈尊に伝え、食事に招待した。釈尊は招待を受け、病床のスッピアーに会うと途端に彼女の病が治り、二人は釈尊の神力を褒め讃えた。その後、釈尊は比丘らを集め、肉の種類を観察せずに食したことを叱責し、学処《がくしょ》（律）を定められた。「比丘たちよ、清らかな信心を持つ人々がいれば、自分の肉であっても喜捨してしまう。人肉を食べてはいけない。食したものは、偸蘭遮《ちゅうらんじゃ》（常軌を逸した異常な行為の罪）である。観察しないで食してもいけない。食したものは悪作《あくさ》（突吉羅《とっきら》〈微罪〉のうち身体に関する罪）である」と『パーリ律』にある。[18]

【象肉】　人々が飢饉で象の肉を食べていたところ、王の象が死んだ。そして、乞食《こつじき》に遊行する比丘にその象の肉を与えた。人々は憤り、罵った。「どうして釈尊の沙門たちは、象の肉を食べるのか。象は王の物である。もし王がそれを聞けば喜ばないだろう」。そこで釈尊は定められた。「比丘たちよ、象の肉を食べてはならない。食べたものは悪作である」と『パーリ律』にある。[19]

【馬肉】　象肉と同じ因縁譚。

【狗肉】　バーラナシーで乞食ができない時、比丘たちはチャンダーラの家に行き、そこで狗肉をもらい食した。そのため犬たちが比丘に吠えついた。そこで釈尊は「狗肉を食したものは突吉羅である」と定められたと、『四分律』にある。[20]

余談ではあるが、犬肉を食べた人が、その匂いからか飼犬に吠えられたという話を聞いたことがあるので、こうした記述もあながち荒唐無稽ではないということなのだろう。

さて、これらの肉を食べることは、大衆に批判を浴びる行為であったことも律典に記されている。つまり、乞食で食事を提供する側の倫理観に合わないことを、仏教教団としては推奨することなど当然できない。もちろん、当時の社会は、『マヌ法典』の影響をモロに受けたヒンドゥー（バラモン）文化なわけだから、その価値観に則った常識が醸成されている。仏教教団を支えていたのは、聖者に布施をして功徳を積むのを常識とするヒンドゥー社会に生きる人々である。下田正弘氏によれば、どの律典も自分の肉を差し出したスッピアー優婆夷の行動を賛嘆しており、おそらく極端な信仰形態として実際にこのような行為が行われていた可能性を示唆している。しかし、ヒンドゥー社会の常識からして、やはりこれは受け入れられなかったということなのだろう。

そして、これに関連して思い出すのは、中国にあったという食人の風習である。『中国食物史』によれば、唐代の医師・陳蔵器《ちんぞうき》が撰述した『本草拾遺《ほんぞうしゅうい》』に「人肉が病に効く」と記したことから、戦時や飢饉時ではなく、全くの平時にもこれが広まった。明代の李時珍は『本草綱《ほんぞうこう》目《もく》』で人道に反すると痛烈批判したが、『本草拾遺』の影響は著しく、親孝行のために自分の股を削ぐことが一種のモードとなった。中央政府は一応これを禁止はしていたものの、官憲はどしどしこれを表彰したり、記念碑を建てたりするのでなくならず、これは第二次大戦中の北京でも見られたという。[21]

次に、象と馬だが、これらは古代インドにおいて重要な軍備であり、王や国家がその肉の扱いに介入するのは当然なことだという。[22] そして狗（犬）は、ヒンドゥー社会ではそもそも不浄とされており、詳しくはここで取り上げなかった獅子・虎・豹・熊・羆といった肉食獣や死体をあさる動物も同じく不浄なものと見なされていた。しかし、この肉の規定が律典によって一致していないのは、仏教教団が正当な社会的組織としてヒンドゥー社会から認められるため、徐々に禁止項目を挿入していった結果である。また、その内容が『マヌ法典』に記された禁止肉種とほぼ一致することから、[23] それぞれの律典が成立した時代の社会的価値観を反映していると考えられる。つまり、肉食の禁止規定は、各部派仏教教団が推進したものではなく、ヒンドゥー社会の動きに対応する中で生まれてきたのである。[24]

では逆に、食べてもよいとされた浄肉とはどのようなものだろうか。次にあげる三つを見ていこう。

・自分（僧侶）に振る舞うために殺されるところを見なかった動物の肉

・自分（僧侶）に振る舞うために殺されたと聞かなかった動物の肉
・自分（僧侶）に振る舞うために殺された疑いのない（予想もさせない）動物の肉

これらは「三種の浄肉」と呼ばれ、それぞれ「僧侶である自分のために殺される」ことを許さないという観点に立っており、「見《けん》・聞《もん》・疑《ぎ》」の三点から検討してクリアしたものは食べてもよい。現実的にこれに該当する肉とは何かといえば、僧が托鉢をして歩き、鉢に入ったものを指す。そもそも、托鉢でいただく食事は、その家庭の余りものであり、彼らから布施された肉は浄肉として食べることが許された。先の『摩訶僧祇律』の二つのエピソードも、取得した肉が布施の概念に該当するかどうかを問われたのであって、肉食の是非を問われたわけではない。

ところで、釈尊は、従兄弟で弟子のデーヴァダッタが提案した、より厳格な規定「五法の宣言（五事の戒律）」の一つ「魚肉、乳酪、塩を食さず。もし食したら罪となす」を退けている。これは、三種の浄肉の規定により却下されたわけだが、わざわざ〝浄肉〟とあるのは、そもそもヒンドゥー社会で肉食が不浄な行為とみなされていたからである。ただし、『マヌ法典』によれば、通常バラモン（ヒンドゥー社会の祭祀）は肉食が禁止されているものの、飢饉などの緊急時には生命維持のため例外的に許されている。このように、基本的に「不浄」とされるものが、〝特定の条件下において〟は「浄」となるという文化があり、[25] 仏教の場合、この〝特定の条件下において〟というのが「見、聞、疑の観点から検討してクリアすること」となるのである。

では、なぜ現代の〝精進料理〟では肉を食べてはならないと言われるのか。初期仏教の時代、先の「五法の宣言」を退けられ、釈尊と袂を分かつことになったデーヴァダッタに追従した仏弟子たちが多くいたことからも、僧侶の肉食に否定的な人々が一定数存在したと分かる。また、部派仏教の時代頃までに、肉食を贅沢とみて禁欲する動きや、ヒンドゥー社会の影響で肉食を禁忌とするような流れが徐々に生じている。そこに大乗仏教が生じると、『象腋喩経《ぞうしゅくゆきょう》』や『大雲経《だいうんきょう》』あたりでは、阿蘭若処《あらんにゃしょ》（さまざまな宗教者が修行に集まる閑静な森林）や苦行・禁欲（美食に対する）・慈悲との関わりで、場所や思想的背景が限定的な断肉だったのが、『大般涅槃経《だいはつねはんぎょう》』で苦行・禁欲・慈悲・ヒンドゥー社会のタブーの受容を背景にした断肉が主張されるようになり、『央掘魔羅経《おうくつまらきょう》（アングリマーラ経）』『楞伽経《りょうがきょう》』に至って、慈悲と不殺生の思想により完全に禁肉食となった(26)。

現在の我々日本の僧侶が、肉食禁止の理由として真っ先にあげる「不殺生」は、最後の段階になってから生じたというのは興味深い。

さて、この系譜を鈴木隆泰氏は「断肉の系譜」と呼び、その記述はサンスクリット経典『ランカーヴァターラ・スートラ（楞伽経）』に見られるが、インドの文献の成立年代は、四四三年、中インド出身の求那跋陀羅《ぐなばっだら》がこれを初めて漢訳した『楞伽阿跋多羅宝経』巻四に、「縛象與大雲、央掘利魔羅、及此楞伽経、我悉制断肉(27)」の記述が見られることから、少なくとも五世紀前半までにはインド大乗仏教における禁肉食が成立したと分かる。ちなみにこの『楞伽経』は、禅宗の祖である達磨《だるま》大師が用いていたことから、初期禅宗で重視された。

また、中国の禅宗や日本仏教に大きな影響を与えた『梵網経《ぼんもうきょう》』第三軽戒「食肉戒《じきにくかい》」にも、『大般涅槃経』巻四(28)と同様に「肉を食せば大慈悲の仏性の種子を断ず」とあり、かなり強く否定されている。しかし、その割には「軽垢罪《きょうくざい》」に規定され、一人の僧侶への懺悔《さんげ》で許されてしまう。何やら矛盾を感じる記述ではあるが、軽い罪だからといって破ってもよいということにはならない。

酒

次に、禁葷酒の「酒」について、『四分律』巻一六には「酒とは、木酒、粳米《こうまい》酒、餘米（米以外の穀物）酒、大麦酒、もしくは他の原料で作った酒、これなり。木酒とは、梨汁《りじゅう》酒（ナシ）、閻浮果《えんぶか》酒（ジャンボラン）、甘蔗酒（サトウキビ）、舎楼伽《しゃろかか》果酒（レンコン）、蕤汁《すいじゅう》酒（?）、蒲桃酒（ブドウ）なり。梨汁酒は蜜や石蜜を雑《まじ》えて作る。以下蒲桃酒に至るまでこのように雑

える」とある。(29)

　この木酒の原料は、午後に口にしてもよい八種漿《しょう》（果物を絞って濾したジュース）にほぼ対応しているのも興味深い。

　さて、中国以来の大乗仏教で重視される『梵網経《ぼんもうきょう》』「十重《じゅうじゅう》四十八軽戒《しじゅうはっきょうかい》」を見ると、これらの酒に関する戒として、第五重戒「酤酒戒《こしゅかい》（酒の販売、またその使役の禁止）」や第二軽戒「飲酒戒《おんじゅかい》（飲酒の禁止）」の二つがある。「酤」の字は、本来「売買」を意味するが、ここでは「販売」の意となる。つまり、酒を飲むことよりも、酒を販売する罪が重く設定されているということだ。(30)これは、人の正気を奪う酒を他者に促す行為が菩薩の利他行に反するという理屈から、大乗仏教の中で運用されてきた。他者に飲酒を勧めることに関しては、現存する最古層の仏典と言われる『スッタ・ニパータ』でも在家者に向けて説いた内容とはいえ禁止されている。(31)このように、初期仏教からの伝統ではあるのだが、自分が飲むことよりも重い罪とされるのはいかにも大乗仏教らしい傾向である。

　また、「飲酒戒」は、「殺生《せっしょう》戒」「偸盗《ちゅうとう》戒」「妄語《もうご》戒」「邪淫《じゃいん》戒」とともに五戒に数えられ、「殺し」「盗み」「嘘」「性交」が本質的に罪な行為のため戒められる〝性戒《しょうかい》〟であるのに対し、「飲酒」はこれらの四つを引き起こす可能性があるがゆえに戒められる〝遮戒《しゃかい》〟として、明確に禁じている。

では、料理に使用することに関してはどうかというと、『四分律』あたりでは、酒で煮た料理や酒を混ぜた料理を食べることを禁じている。[32] しかし、道元禅師が重視した『梵網経』にはそのような記述はなく、曹洞宗大本山永平寺でも料理酒は使用している。もちろん調理の際は、必ずアルコール分を飛ばすので、酔っ払うことはまずない。これらのことから、わたし自身は、料理に酒を使用しても、仏道修行の妨げにはならないという立場を取っている。

般若湯

戒律の存在と、その実際の運用は必ずしも一致しない。部派仏教や上座部仏教ではしっかり守られているイメージがあるが、一部でしか戒律が守られない、または戒律の独自解釈がなされた日本仏教はもとより、実は中国仏教でも厳守されていたとは言えない。唐代にインドを巡った中国の僧・義浄によれば、当時の中国では女犯《にょほん》をしない貪淫戒さえ守っていれば戒を守ったことになっていたようであり、痛烈にそれを批判をしている。

さて、一一世紀後半の中国北宋代に、政治家、詩人、書家の顔を持つ蘇軾《そしょく》（蘇東坡《そとうば》とも）という人物がいる。彼の書き残したものは禅僧に大きな影響を与えたのだが、僧侶の飲酒について『東坡志林《とうばしりん》』に次のように述べている。

「僧は酒を『般若湯《はんにゃとう》』、魚を『水梭花《すいさか》』、鶏を『鑽籬菜《さんりさい》』と呼び、つまるところ己を欺くだけで益はなく、世間では笑われている。不義を美文で言い繕う者も、これと何が異なるというのか」と述べ、中国の僧が美しい表現を隠れ蓑に、食戒を破ることを痛烈に批判した。

ちなみに、「梭《さ》」は、機織《はたお》りのシャトルのことで、水の中を素早く動き回る魚を表現している。また、「鑽《さん》」は穿《うが》つ、「籬《り》」は垣根を表し、垣根を突いて穴を掘ろうとする姿から鶏を連想させる。この表現はなかなか言い得て妙だが、そこに、各々「花」や「菜」の字を加え、食べてもよい物と詭弁を弄《ろう》したわけである。

では、般若湯はどうか。調べていくうちに、南宋代、張邦基《ちょうほうき》の記した『墨荘漫録《ぼくそうまんろく》』に行き着いた。

「僧は酒を般若湯と呼ぶ。たまたま『釈氏会要《しゃくしかいよう》』を読んだ時にこの説を知った。唐の長慶年間（八二一～八二四）、旅の僧がある寺を訪れ、そこの浄人に酒を買いに行かせた。寺の僧がこれを見て、その粗暴な振る舞いに怒り、瓶を奪って柏槙《びゃくしん》（ヒノキ科）の木に打ち付けると、粉々に割れた。すると、中の酒は緑の玉《ぎょく》のようになって木にへばりつき、ゆすっても取れない。そこで旅の僧はこう言った。『わしはいつも『般若経』を携えていて、酒を一杯やると、お経を唱える声が清く澄んで調子がよいのじゃ』と。そして、旅の僧がその木に盃を近づけると、酒となって盃の中に落ち、それをグイっとやってよい気分になった。酒の隠語の起こりはこうである」
ちなみに、『釈氏会要』は、『墨荘漫録』の撰述から一〇〇年以上前の北宋代、一〇一一年に沙門《しゃもん》・仁が編纂した密教関連の書であるというところまではつきとめたが、原本を目にすることは叶わなかった。どなたかご存知であれば、教えて頂きたい。

ところで、このエピソードは、江戸前期に活躍した真言宗智山派智積院《ちしゃくいん》七世の泊如運敞《はくにょうんしょう》（一六一四〜一六九三）の記した『寂照堂谷響集《じゃくしょうどうこっきょうしゅう》』にも見られるので[33]、江戸期の僧侶には知られていたことかもしれない。しかし、現代の僧侶の間では、「般若湯の般若は〝仏の智慧〟のことなので、酒を飲むと仏の智慧を生ぜしめる」といった、誰が言い出したのか不明な説がまことしやかに語られ、『墨荘漫録』で言われていることなど全く耳にしたことがなかった。

森鴎外の『鶏』に「坊主が酒を般若湯というということは世間に流布しているが、鶏を鑽籬菜というということは本を読まないものは知らない」との一節がある。まさか〝『般若経』を唱える声がよくなる〟ことから酒を般若湯と呼んだなど、江戸期の文献以降見ることがないので、よほどの読書家でも知るところではないだろう。とはいえ、こちらの語源の方が、現代の僧侶が語る説よりも、よっぽど洒脱《しゃだつ》に感じられるのは、わたしだけだろうか。

（1）『大正新脩大蔵経』五三巻、九八一頁上二七—中二〇

（2）『大正新脩大蔵経』一六巻、五六四頁上一四
（3）『大正新脩大蔵経』二四巻、一〇〇五頁中一四―一五
（4）森田潤司「食べ物の名数（4）菫菜類の名数」『同志社女子大学生活科学』四七巻、二〇一三
（5）義浄（訳：宮林昭彦・加藤栄司）『現代語訳　南海寄帰内法伝――七世紀インド仏教僧伽の日常生活』法蔵館、二〇〇四、七〇頁
（6）榊亮三郎『梵蔵漢和四訳対校 翻訳名義大集』国書刊行会、一九八一、三七八頁
（7）『大正新脩大蔵経』五〇巻、八九〇頁中二九―下一
（8）『大正新脩大蔵経』二四巻、二三〇頁上二二―中二二
（9）『大正新脩大蔵経』一九巻、一四一頁下五―六。この『首楞厳経』は、鳩摩羅什訳『首楞厳三昧経』ではなく、般剌蜜帝訳『大仏頂如来密因修証了義諸菩薩万行首楞厳経』のこと
（10）小倉玄照『禅と食』誠信書房、一九八七、一二―一三頁
（11）中村元『ブッダのことば――スッタニパータ』岩波書店、一九五八、五四頁
（12）『大正新脩大蔵経』二二巻、四八七頁上二三―二五
（13）『大正新脩大蔵経』二二巻、一〇〇六頁上一九―二一
（14）『大正新脩大蔵経』二三巻、四六一頁上二二―中二七
（15）『大正新脩大蔵経』二二巻、一四八頁下八―一四九頁上三

(16)『大正新脩大蔵経』二三巻、四七三頁下一―二
(17)八尾史『根本説一切有部律薬事』連合出版、二〇一三、二九―三一頁
(18)下田正弘「『三種の浄肉』再考」『仏教文化』二五号、一九八九、二―三頁
(19)下田正弘「『三種の浄肉』再考」『仏教文化』二五号、一九八九、四頁
(20)下田正弘「『三種の浄肉』再考」『仏教文化』二五号、一九八九、六頁
(21)篠田統『中国食物史』柴田書店、一九七四、一二三頁
(22)下田正弘「『三種の浄肉』再考」『仏教文化』二五号、一九八九、四頁
(23)下田正弘「『三種の浄肉』再考」『仏教文化』二五号、一九八九、一九頁
(24)下田正弘「『三種の浄肉』再考」『仏教文化』二五号、一九八九、一五頁
(25)下田正弘「『三種の浄肉』再考」『仏教文化』二五号、一九八九、九―一〇頁
(26)鈴木隆泰「大雲経における断肉説」『山口県立大学国際文化学部紀要』九号、二〇〇三、二頁
(27)『大正新脩大蔵経』一六巻、五一四頁中六―七
(28)『大正新脩大蔵経』一二巻、三八六頁上一五
(29)『大正新脩大蔵経』二三巻、六七二頁上二八―中三
(30)石田瑞麿『梵網経』大蔵出版、二〇〇三、九九―一〇二頁、一三三―一三七頁
(31)中村元『ブッダのことば――スッタニパータ』岩波書店、一九五八、八二頁

(32)『大正新脩大蔵経』一二一巻、六七二頁中一〇—一一

(33)泊如運敞(編訳:青山社編集部)『「佛事百般釈義問答」谷響集——抄訳』青山社、一九九九

十　坐禅堂での食事作法（上）

応量器《おうりょうき》

応量器は、現在の曹洞宗僧侶が食事を摂る際に使用する自前の食器で、六つの入れ子状になった漆塗りの重ね器から成っている。大きい順に、頭鉢《ずはつ》・四つの鐼子《くんす》〈頭鐼《ずくん》・第二鐼・第三鐼・第四鐼〉・鉢揲《はってつ》とあり、ほとんど深さのない六つ目の鉢揲は、高台《こうだい》のない丸みを帯びた鉢底を支える頭鉢の台座として使用する。つまり、実質五つの重ね器ということになる。これは、同じく禅宗の臨済宗で用いられる持鉢《じはつ》、また黄檗宗《おうばくしゅう》の自鉢《じはつ》の双方も同様に五つの重ね器であるが、どちらも鉢揲がない代わりに、高台で安定させる形状となっている。

応量器でもっとも大きな鉢である頭鉢。一説によると、釈尊の頭蓋骨を意味することから頭鉢と称するというが、そもそも僧侶が托鉢に使用する器を鉢と呼んだ。これが頭蓋骨をひっくり返した姿と似ていることから、頭のことを鉢と言うようになり、武士のかぶる烏帽子《えぼし》の縁を巻いた布のことを「鉢巻き」、また出会い頭に頭がぶつかりそうになることを「鉢合わせ」と表現するようになった。となると、頭鉢や頭鐼の〝頭〟の字は頭蓋骨ではなく、〝最初の〟という意味であろう。

さて、これらの応量器、実際に料理を盛る器として利用するのは、道元禅師の時代は頭鉢から第三鐼までの四つ（現在は頭鉢から第四鐼までの五つ）である。これらの器は食事の際に、匙《さじ》と筯《はし》、食後の洗鉢時に用いる鉢刷《はっせつ》とともに、漆を塗った紙である鉢単《はったん》の上に、作法に則って広げられる。

ちなみに、部派仏教の法蔵部で用いられた『四分律』巻三九にも、「鍵鎡者入小鉢。小鉢者入次鉢。次鉢者入大鉢（鍵鎡《けんじ》〔最も小さい鐼子〕は小鉢〔第二鐼〕に入《い》り、小鉢は次鉢〔頭鐼〕に入り、次鉢は大鉢〔頭鉢〕に入る）」と入れ子状に重ねた四鉢について記述があり、インドでも使用されていたことが窺《うかが》える。これが、応量器の形状の根拠となるが、一方で、器の数が四つであることは、漢訳経典では三世紀半ばに成立の支謙訳『仏説太子瑞応本起経《ぶっせつたいしずいおうほんぎきょう》』「四天王奉《してんのうほう》鉢《はつ》」の故事に由来する。

提謂《だいい》と波利《はり》という名の二人の商人が、樹下にいた釈尊に麨蜜を布施しようとした時、供物を入れる鉢がなかった。釈尊は、先古の諸仏は布施を正しく受けるにあたって皆鉢を持ち、自分の手で食を受けるのは宜しくないと考えた。すると、四天王が釈尊がまさに鉢を必要としていることを知り、頞那《アナ》山の上に行って石中から四鉢を生みだした。これらの鉢は、香りよく浄潔で穢れがなかった。四天王は一鉢ずつ持ち、各々が釈尊に奉じ、これで商人たちに布施による功徳を得させてあげてくださいと語った。四天王から差し出されたのは鉄鉢であり、これによりのちの弟子たちは、鉄鉢を食に用いることとなった。四つの鉢を奉じられた釈尊は、一つあれば十分なので残りの三つは必要ないと思い、左手に四鉢を重ね、右手で上からこれを按じ、神通力で一つの鉢にまとめた。すると、仏鉢の縁に四本の筋目ができたという(1)。

この話は、ガンダーラ美術の有名なレリーフのモチーフにもなっているので、ご存知の方もいることだろう。ちなみに、提謂と波利の二人の商人は、釈尊が成道後、初めて法を説いた在家信者とされる。

そういえば、『竹取物語』でかぐや姫が石作皇子《いしづくりのみこ》に対して、結婚の条件に神々しい光を放つ〝仏の御石《みいし》の鉢〟を要求したが、平安初期にこれを記した作者は、釈尊の器が石製であるとどうして思ったのだろうか。先の『仏説太子瑞応本起経』には、〝鉄鉢〟となっており、石中(鉄鉱石か? 確かに、現在のインドでは鉄鉱石が採れるが……)からこれを生みだしたことと混同したのだろうか。

これについて、山口博氏は正倉院文書にもその名が見られる玄奘《げんじょう》三蔵の『大唐西域記《だいとうさいいきき》』の

記述を読んでいたのではないかとしている。(2)

『大唐西域記』バージョンでは、四天王が渡すのは鉄鉢ではない。金や銀、そして頗胝迦《はていか》（水晶）・琉璃《るり》（青色の玉）・馬脳《めのう》・車渠《しゃこ》（シャコガイの貝殻）・真珠といった宝石の鉢を奉じているが、釈尊は出家者に相応《ふさわ》しくないとしてこれら全てを黙して受け取らず、最後に紺青の光沢のある〝石の鉢〟を渡すと受け取っている。(3) そのあと、四つを一つにする流れは同様である。

この記述を元にすれば、釈尊の鉢は石製ということになるので、やはり『竹取物語』の作者は、日本で最も知られる『大唐西域記』を元にしたのであろう。

では、釈尊は四つの鉢を一つにしたのに、なぜ応量器は四つの重ね器なのだろうか。これに関して、長年疑問に思っていたのだが、ある時、器を全て重ねた応量器を眺めていてハッとした。

現行の五つの器であれば重ねた器と器の間にできる四本の溝、また、道元禅師の時代の四つの器であれば各器の縁が、まるで仏鉢の縁にできた〝四本の筋目〟を模しているかのようではないか。そう考えると、一番大きな頭鉢の中に他の器が全て収まる形状は、釈尊が手中で四つの器を一つにまとめるために、潰して密に重なり合った瞬間の器を彷彿させる。おそらく、応量器の発案者は、仏教の文脈からはみ出ないように、インドでよく知られるこの説話から着想を得、登場する仏鉢を模して作ったということなのだろう。

次に、応量器は漆製のものであるが、『南海寄帰内法伝《なんかいききないほうでん》』の中で義浄《ぎじょう》が指摘するように、陶器や漆の鉢はもともとインドには存在しない[4]。これらを使うようになったのは、漆器が多く作られた中国に仏教が伝来して以降のことであろう。

さて、では何を盛るのかというと、まず頭鉢は、小食ではお粥、中食ではご飯で、少量のものしか口にできない薬石では使用しない。次に頭鐼は、小食では沢庵、中食では汁物、薬石では頭鉢に代わってご飯が入る。第二鐼は、小食では胡麻塩、中食では沢庵、薬石では汁物。第三鐼は、薬石で沢庵が盛られる以外は、第二鐼の台座として使われ、第四鐼に到っては、一日を通して台座としてしか使用されない。

（現在の永平寺の例）

	小食	中食	薬石
頭鉢	お粥	ご飯	×
頭鐼	沢庵	汁物	ご飯
第二鐼	胡麻塩	沢庵	汁物
第三鐼	第二鐼の台座	第二鐼の台座	沢庵
第四鐼	台座		

ちなみに、道元禅師が使用された応量器は、永平寺の宝物館である聖宝閣《しょうぼうかく》に収蔵されており、写真が『大本山永平寺瑠璃聖寶閣（収蔵品図録）』に掲載されているのでそちらを御覧いただきたい(5)。

その画像を見てみると、現代の我々も使用している「頭鉢、頭鐼、第二鐼、第三鐼、鉢揲《はってつ》（なぜか頭鉢ではなく、第三鐼の下に置かれている）、匙《さじ》、筯《はし》、匙筯袋《しじょたい》（匙や筯を収める袋）、鉢刷《はっせつ》（漆塗りの木のへラ）」の九点と、筯と匙の間に絵画用のパレットナイフのようなもの一点が確認できる。この謎の物体は、隋～元代にかけて中国で使用された匙である(6)。もしかすると、道元禅師が南宋で使用していたものかもしれない。

そして、この画像には現在の応量器セットには存在する水板《みずいた》がない。実はこの水板、あっても特に使用しないため、何のために存在するのか分からない代物なのだが、『赴粥飯法《ふしゅくはんぽう》』にその記述がないところをみると、道元禅師の時代には存在しなかった可能性もある。また、『赴粥飯法』に記述のある鉢単《はったん》は残念ながら失われているが、やはり器の数は、『赴粥飯法』通りの四つとなっている。

応量器の語源は、「釈尊が制定された器の製法に応じて作ること」や「人によって必要な食事の量が異なることから、各自の量に応じた大きさの食器を用いること」など、諸説あるが、はっきりとしたことは分かっていない。古代インド仏教で僧侶の個人所有物として認められた三衣一鉢。その中の鉢は、サンスクリット語では「パートラ」で、音写されて「鉢多羅《はったら》」となり、その意味合いから「応量器」と漢訳されたが、当の道元禅師自身は著書に「鉢盂《ほう》」もしくは「鉢《はつ》」と記して「応量器」の語は用いていない。曹洞宗の伝統的には「鉢盂」を用いてきたが、現在は曹洞宗僧侶のほとんどが「応量器」と呼んでいる。いつ頃からそう呼ぶようになったかは判明しないが、曹洞宗の応量器を用いた食事で特徴的なのは、粥や米飯を食べる時に〝匙〟の使用法が規定されていることで、これは他の宗派ではまず見られない。ただ、道宣《どうせん》『教誡律儀《きょうかいりつぎ》』「二時食法第八」には匙の使い方が示されているので、道元禅師のオリジナルというわけではない。

ただ、禅宗のように鉢から直接食事をするのは、現代においては世界の仏教界から見ても少数派であり、大半は鉢の機能は托鉢の際に施物を入れてもらうためのものである。そうして鉢に入れてもらった食事を、寺院に持ち帰り、別の器に移して食事をするのだ。今でも東南アジアの僧侶の托鉢風景を見ると、大きな鉢に施物を入れてもらっているが、食器として使用するにはあまりにも大きすぎだと分かる。

『南海寄帰内法伝』には、インドの僧は腰掛けに座り、牛糞《ごふん》をきれいに塗り込んで清潔を保った地面に新鮮な葉が敷かれ、そこに足を置き、前には盤《さら》と鉢を置く様子が記されている。[7]つまり、托鉢で鉢に持ち帰った食事を盤に移し替えて食べるということだろう。また、施主の接待を受ける場合には銅製の食器のみを使用し、サンガの共有財産のものか浄物たる布施されたものを用いるとある。[8]鉢は元来、鉄鉢（鉄を叩いて薄く伸ばしたもの）か瓦鉢（陶土から作られた陶器）なので、銅製の食器は鉢には該当しない。

ところで、律には、材質の面から鉄鉢と瓦鉢が定められており、日本でも律宗や真言律宗では鉄鉢が用いられている。漆が塗られていない白木の木鉢は仏教以外の宗教者が使うものであり、仏教では油汚れがこびり付きやすく不潔だという理由で使用を禁じ、石鉢は仏のものとして使用を禁じられた。それに関して道元禅師は、『正法眼蔵《しょうぼうげんぞう》』「鉢盂」巻の文末で、僧が律に定められた鉢の素材問題についてあげつらう姿勢を強く否定し、素材が何であれ、いまここに現成《げんじょう》する鉢そのものと向き合いなさいと諭すのである。[9]

威儀《いぎ》を正す

食事をする際の格好はどのようなものが好ましいのか。『赴粥飯法』には次のような記述がある。

「(食事の合図の鐘や太鼓が鳴ったなら)壁に面して坐禅していた者は身を転じて正面に向き直る。僧堂の外にいた者はすぐにやっていたことの手を止め、手をきれいに洗う。威儀を整えて正しい姿で僧堂に赴くようにする」(拙訳)

ここに、「威儀を整えて正しい姿で……」とあるが、まず威儀とは行・住・坐・臥の四威儀を指し、僧侶としての正しい立ち居振る舞いのことを言う。道元禅師はこの威儀を重視しており、著述の中に出家者が日常の修行生活において行うべき行儀作法を詳細に述べた『大比丘三千威儀経』からの引用が多数見られる。ちなみに威儀には、身のこなしだけではなく、服装などの外的な自分の状態も含むので、それらも整った正しい姿であることが求められる。

では、食事をする際の〝正しい姿〟とはどんなものか。実際の雲水たちがどのような格好をして坐禅堂で食事をするかというと、まず、壊色《えしき》(地味な色合い)の衣の上に直綴《じきとつ》(黒く大きな衣)を纏《まと》い、その上からお袈裟《けさ》(七条袈裟)を身につける。これは、曹洞宗の僧が坐禅をする際の格好と同じである。ゆえに、裸足で坐禅と同様に足を組んで（両足をあげる結跏趺坐《けっかふざ》や、片足をあげる半跏趺坐）食事に向き合う。

つまり、食事を摂るときも正装で臨むわけだが、このこと一つをとってみても、食事を頂くことが仏道修行であることの証左となるであろう。

このように、坐禅に限らず行・住・坐・臥の全ての行いを実践する時、雲水は威儀を正すことが求められる。それはもう神経質なほど、襟元や裾の乱れを気にするのだ。しかし、言葉で読むとなんとなく理解できそうな気がするだろうが、実践となると話は違う。何かしらの行動をとるということは、しばらくはその行為に集中することでもあり、そんな中、自己の威儀に意識を向けるのは、なかなか至難の業なのである。

道元禅では「威儀即仏法《いぎそくぶっぽう》、作法是宗旨《さほうこれしゅうし》」といって、日常の正しい規律のある生活を送ることそのものが仏法であるとする。決められた作法に則った立ち居振る舞いをし、服装を整え、何事にも丁寧に向き合っていく。それは食事の時も同様だ。「威儀の乱れは、心の乱れ」と修行生活の間、何度も聞かされるフレーズだが、そこに意識を置き続け、自己を律し続けることが、まさに禅の修行の厳しいところなのである。

音を立ててはいけない坐禅堂

同じ禅宗でも、臨済宗は食堂《じきどう》、黄檗宗は斎堂《さいどう》だが、曹洞宗では坐禅堂で食事をとる。坐禅堂は、東司《とうす》（トイレ）と浴室と並んで、三黙《さんもく》道場の一つに数えられ、決められたお唱えごと以外、声を発したり、不必要な音を立てたりしてはならない場所とされる。

では、食事の最中に全く音がしないかというと、そうではない。坐禅堂に雲水を集めるために叩かれる梆《ほう》（頭が龍で体が魚の形をした木彫の鳴らし物）、僧堂内での献膳に合わせて鳴らされる太鼓、雲水がお唱えごとをする際に用いられる戒尺《かいしゃく》（拍子木）や槌砧《ついちん》（八角柱の砧の天辺を小槌で打ち叩いて音を出すもの）など、実に多くの「鳴らし物」の音色が響きわたる。

雲水は、生活の全体を、鳴らし物の種類やタイミングにより、自分が今何をすればよいのかを知る。食事中とて例外ではない。

坐禅堂に入って、牀《しょう》（坐禅を行う高床）に上がり、応量器を展《ひろ》げ、給仕役の浄人より料理を受け取り、丁寧にいただく。食べ終わったら洗鉢し、応量器を収め、坐禅堂から退堂する。この間、雲水たちは、お唱えごとをする以外、一切の動作を作法に則って行い、音を立てないように気をつける。

ゆえに、ただでさえ音の鳴り響きやすい静寂に包まれた堂内では、箸や器を扱う音が際立ちやすくなるので、どうすれば音を立てずに済むか、雲水は各自で工夫をしなければならない。音を立てずに自然に食事ができるようになるには、もちろん人にもよるが、だいたい三～四ヶ月の時間と経験を必要とする。

結果的に、音を立てずに食事をすることは、箸や器の上げ下ろしなどの一つひとつの動作を丁寧に行うということでもある。丁寧に行うためには、坐禅で重視される〝今、この瞬間〟の体験として、手元に意識を置き続けなければならない。ここに、坐禅が禅修行全体の基本となっている様子が窺《うかが》えるのである。

さて、自己が音を立てないと、環境音や自然音がよく聞こえる。普段も聞こえているはずだが、普段よりもくっきりとクリアに聞こえる。堂内が静かであるがゆえに感じられる現象で、まるでお堂と自己が一体になったような印象すら受ける。堂内を静かに感じられるのは、自己が静かであればこそ。堂内外に雲水たちが一〇〇人近くもいるにも関わらず、自己と環境に一体感を覚えるという非日常的な体験ができるのは、やはり現代の生活にはない「静けさ」を重視する禅の価値観が根付いているからであろう。

献膳と生飯《さば》

坐禅堂の中心に鎮座していらっしゃる聖僧《しょうそう》（僧形《そうぎょう》の文殊菩薩《もんじゅぼさつ》）さまへの献膳も、雲水の食事のタイミングに合わせて行われる。もちろん、雲水への給仕よりも早く聖僧さまに献じられ、道元禅師のおられた鎌倉時代から現代に至るまで、神仏に敬意を払う姿は今もなお変わらず見られる。

こうした儀礼は聖僧さまに限ったことではなく、承陽殿《じょうようでん》という御真廟では、永平寺開祖の道元禅師から五世の義雲禅師までの五師と総持寺の瑩山《けいざん》禅師、また前室には道元禅師とともに宋に渡った道正《どうしょう》の各尊像をお祀りし、食事の時間には、必ずこれら全ての尊像に献膳を行っている。

さらにもう一つ、食事作法の中に、神仏へのお供えものに近い「生飯（出生《すいさん》とも）」という概念がある。

〈生飯の偈〉「汝等《じてん》鬼神《きじん》衆《しゅう》　我今《ごきん》施汝《すじ》供《きゅう》　此食《すじ》遍《へん》十方《じほう》　一切《いし》鬼神《きじん》供《きゅう》」

この偈文、曹洞宗では宋音《そうおん》で読まれるが、その意味は、「我は今から、この世界の一切の鬼神や供養されない亡者（餓鬼）に、自分の食事を施す」となり、これを唱えながら、各雲水が鉢刷《はっせつ》の先端を香汁《きょうじゅ》（汁物）で濡らし、お米を七粒ほど置くのである。大乗版『大般涅槃経《だいはつねはんぎょう》』によると、〈釈尊が荒野を歩いていたとき、衰弱して死にそうな鬼と出会った。この鬼は、ある時仏教で重視される戒律「殺生戒」（生き物を殺さないという自己ルール）を守ろうと決意したため、飢死寸前になっていた。そこで釈尊は、弟子たちに命じて、今後、仏教が広まった地域では必ず食事のたびに生飯を施させると約束した〉という。そして、この逸話が「生飯」の儀礼に繋がっていくのだが、要は餓鬼に施して、その功徳を三界萬霊《さんがいばんれい》に回向する（振り向ける）施食《せじき》（施餓鬼）を意味しており、多くの仏教諸宗派の食事儀礼として今も実践されている。

さて、僧堂内での食事の際、音を立てないようにすることを先に述べた。仏教学者・菅原研州氏の指摘で知ったのだが、[10]北宋で撰述された『禅苑清規《ぜんねんしんぎ》』「巻十巻・百丈規縄頌」に、「食せん時は匙筯《しじょ》（さじと箸）をもて鉢を刮《こそ》げて声を作《な》すことを得ざれ。その無福鬼神を動かして飢渇の想を生ぜしめん。罪量るべからず。切に宜しく低細にすべし」とあり、食事中に音を立てると、無福鬼神が腹を空かせるので、気をつけよと書いてある。この無福鬼神とは「無財餓鬼」のことで、食べることが全くできず、飲食しようとすると食べ物が口元で燃えてしまうが、施餓鬼供養されたものだけは食することができる餓鬼のことを言う。ただ、道元禅師は、『赴粥飯法』を記す際に『禅苑清規』から多くを引用しているものの、無福鬼神については全く触れておらず、引用がなかった意図については分からない。ただ、弟子たちに『禅苑清規』をよく読んで参考にせよとも語っているので、この話は頭の片隅に入れておいてよいだろう。ちなみに、仏教では餓鬼の特性として「音を嫌がる」とされるので、それとも関係があるかもしれない。

さて、一人ひとりの雲水から集められた生飯は、坐禅堂脇に設置された石造りの生飯台に置かれ、鳥や虫などの自然界の生き物に供養される。これは禅宗に限ったことではなく、多くの宗派で行われていることも知っておきたい。

食事のスピード

食事のスピードを考えるときに、前提となる〝配膳の型〟を見る必要がある。ここでいう配膳の型とは石毛直道氏の分類でいえば「時系列型」と「空間展開型」の二つのことで[11]、時系列型は、現在のフランス料理のように時間を追って料理が順に運ばれてくるスタイル、そして空間展開型は、お膳のように料理が最初から個人の目の前に置かれた膳に並べられるスタイルをそれぞれ指す。

では、僧堂飯台《そうどうはんだい》（坐禅堂での食事）はどうかというと、給仕自体は坐禅堂内に運ばれる順になされるので時系列的ではあるが、料理が全て揃ってから食べるので空間展開型となる。空間展開型では、食べ終わるスピードがまばらになりやすく、早く食べ終えた者が遅い者を待ってイライラしかねないが、僧堂飯台の場合、実を言うとそうはならない。というのも、同じ空間に一緒にいる最長老のスピードに皆が合わせることがルール化されているからである。

坐禅堂にいる誰もが、周りの動きを意識しながら、食事のスピードを合わせる。飛び抜けて早食いの者もいないし、飛び抜けて遅食いの者もいない。最長老がペースメーカーとなって、全体のスピードを調整するのである。

部派仏教の律では、托鉢から戻ってきた者から順に食事をとることになっているため、基本的にバラバラの食事である。だが、「別衆食」といって、托鉢によらず在家信者に招待をされて食事を行う場合もあり、その際は長老がペースメーカーとなる。ただし、「長老は一切の人が飯を受け終わらない間に食べてはならない」や「長老は一切の人が食し終わらないうちに洗鉢用の水を受けてはならない」といった具合に、周りが長老に合わせるというよりも、長老が周りの動きに注意する形となっているが、食事次第のキーマンが長老であることに変わりはない。ちなみに、七世紀に入竺した義浄の『南海寄帰内法伝』によると、部派仏教でも食事に招待された時、配膳をされた僧から順に食べるが、食べ終わるのは全員同時であるというから、(12)

多様なやり方が存在していたらしい。

さて、咀嚼中は箸を置いているので、作法通りに食事をすれば、ある程度時間を必要とし、早食いになることはない。しかし、一般の方からするとそれでも早く感じるかもしれない。そこには、単純に食事作法に慣れているか否かという話と、雲水としての自覚の深浅の問題があると言える。作法に慣れれば当然無駄な動きがなくなるので、スマート且つスピーディーに食事を進められる。また、雲水が我欲に溺れ、仏道としての食事を蔑ろにし、早食いを旨とするようであれば、それは単純に浅はかと言わざるをえない。

どの世界のマナーでも、一緒に食事をしている人たちの食べるスピードに合わせることがよしとされる。この背景に、自己よりも他者を尊重する姿勢があるわけだが、そのような意識で食事と向き合っていくことも、仏道として食事を頂く際のポイントとなるのである。

（1）『大正新脩大蔵経』三巻、四七九頁上二一—中七
（2）山口博『平安貴族のシルクロード』角川学芸出版、二〇〇六、一一六頁
（3）『大正新脩大蔵経』五一巻、九一七頁下九—一七
（4）義浄（訳：宮林昭彦・加藤栄司）『現代語訳　南海寄帰内法伝——七世紀インド仏教僧伽の日常生活』法蔵館、二〇〇四、六四頁

（5）『大本山永平寺瑠璃聖寶閣（収蔵品図録）』大本山永平寺、二〇〇二、一七頁
（6）山内昶『食具』法政大学出版局、二〇〇〇、一三八頁
（7）義浄（訳：宮林昭彦・加藤栄司）『現代語訳　南海寄帰内法伝――七世紀インド仏教僧伽の日常生活』法蔵館、二〇〇四、三三頁
（8）義浄（訳：宮林昭彦・加藤栄司）『現代語訳　南海寄帰内法伝――七世紀インド仏教僧伽の日常生活』法蔵館、二〇〇四、六三頁
（9）水野弥穂子：訳註『原文対照現代語訳　道元禅師全集　正法眼蔵7』春秋社、二〇〇九、四七頁
（10）ブログ『つらつら日暮し』「何故、禅僧は食事を静かにすべきなのか？」2008/6/8
https://blog.goo.ne.jp/tenjin95/e/832c9a06f8f4f364cbebf9a55e61fb9f
（11）石毛直道「食卓文化論」『国立民族学博物館研究報告別冊』一六号、一九九一、七頁
（12）義浄（訳：宮林昭彦・加藤栄司）『現代語訳　南海寄帰内法伝――七世紀インド仏教僧伽の日常生活』法蔵館、二〇〇四、七一頁

十一　坐禅堂での食事作法（下）

食中の作法

禅の精進料理は、一般的に理解されている「修行に励む僧侶の食べそうな野菜料理」という表面的な意味を超え、「仏道修行として僧侶が頂いている料理」という側面が重視される。

では、仏道修行として食事を頂くというのは、具体的にはどういうことか。それを理解するためには、「認知面」と「行動面」の二つの視点から見ていく必要がある。まず認知面に関しては、「五観の偈」に記された内容に則して食事というものを見据え、謙虚な気持ちで目の前の料理と向き合うこと。また、行動面では、禅の修行道場で実践されている食事作法に則って料理を食べることを指す。

禅の食事作法とは、食事をする坐禅堂への入り方に始まり、食べる際の格好や姿勢を整え、小食・中食・薬石のそれぞれに対応した応量器の展《ひろ》げ方を覚え、決められたやり方で食べ、食べ終えた器を熱いお茶や湯で洗って拭いて収め、坐禅堂から退堂するところまでの一連の流れを言う。さらに、浄人と言って、給仕の任にあたった際には、僧堂飯台における料理ごとの給仕のタイミング、具体的な給仕作法等、これまた覚えることが多い。

このように全体を見れば、一挙手一投足全てにルールがあるため、数えきれないほどの作法が複合的に絡んでいる。そんな中、一般家庭でも実践できる食中の作法として、わたしの主催する料理教室「広島精進料理塾」では、次の五点をピックアップして提示している。

・姿勢を正す
・箸や器を扱うときには、必ず両手を用いる
・食べ物の咀嚼中は、必ず手を膝の上に置く
・しゃべらない、音を立てない
・最後に熱いお茶で洗鉢をするので、漬物を一枚残しておく

このうち、「しゃべらない、音を立てない」に関しては、先の「音を立ててはいけない坐禅堂」や「献膳と生飯《さば》」で言及しているので、ほかの四つについて見ていこう。

正座

正座と書いて「しょうざ」と読む。これは、一般的にイメージする両足を折りたたむ座り方のことではなく、禅門では正身端坐《しょうしんたんざ》といって、姿勢を正して端正に坐ることを指す。これは、基本的には坐禅のことだが、意味を広くとれば、〝正座《せいざ》〟も正座《しょうざ》のひとつと言えよう。

さて、食事をする際には、必ず正座《しょうざ》をする。つまりは、姿勢を正すということだ。坐禅堂での正式な食事である僧堂飯台の際には、結跏趺坐《けっかふざ》もしくは半跏趺坐《はんかふざ》といった坐禅の座り方をし、それ以外の場所では正座《せいざ》で食事をいただく。それゆえ、崩れた姿勢で食事をすることは許されず、真っ直ぐに目の前の食事と向き合い、ただただ丁寧な食事を心がけることが肝要となる。

『赴粥飯法』の中には姿勢のほかに、「頭を掻いて頭垢《ふけ》を鉢や鐼子《くんす》の中に落としてはいけない。当然、手はそのようなことをして汚すことのないようにする。身体を揺らしたり、膝を抱えたり、立膝《たてひざ》をしたり、欠伸《あくび》をしたり、あるいは鼻をかんで音を立ててはいけない。もし、くしゃみをしそうになったら、手で覆いなさい。また、歯に挟まったものをほじろうとする時は、必ず手で口を覆いなさい」[1]と、食事中にするべきではない態度についても述べられている。

また、同書では、ご飯を食べる際も、置いた食器に口を持って行って食べるいわゆる〝犬食い〟について釈尊の「傲慢な態度で食べてはならない。恭しく頂きなさい……」[2]という言葉を引き、他にも「隣の席の鉢の中を覗き見て、不満に思う心を起こしてはいけない。自分の鉢に全心を注いで食べるようにしなさい。（中略）手を振りながら食べてはいけない。臂《ひじ》や膝を突きながら食べてはいけない。手でご飯を取り散らかして食べてはいけない[3]」など、正座が崩れる食べ方を戒《いさ》めている。

ほかにも、「口の音を立てながら食べてはいけない。一度にたくさんの食事を口に入れてはいけない。食事を前に欲にかられて生唾を飲み込んではいけない。果物の種や口からこぼれたものは器の陰に置いて他人に見えない配慮をし、あとで浄人に回収してもらう。鉢の中を汚しながら食べてはいけない。鉢の中でご飯と汁物を混ぜてはいけない。舌打ちやゲップをしながら食べてはいけない。息を吹きかけて冷やしながら食べてはいけない。他人の余らせたものを見て欲しがってはいけない。器を匙や箸でこすって音を立ててはいけない。器の中に唾を吐き出してはいけない」など、『教誡律儀』「二時食法第八」ともいくつか共通の禁止事項があり、正座《しょうざ》に繋がる心構えが記されているのである。

箸や器は両手で扱う

次に、箸や器の扱いについて見ていくが、その前に、器や箸の置き場所を説明しておきたい。

テーブルにランチョンマットを広げたとして、向かって左手前から右に向かって香飯《きょうはん》（ご飯）、香汁《きょうじゅ》（汁物）、香菜《きょうさい》（漬物）の順に並べ、薬石《やくせき》（夕食）のように別菜《べっさい》（おかず）が二品の場合、修行道場では香菜の右側手前に主菜、その奥に副菜という順に置く。別菜に関して言うと、文献的に統一見解があるわけではないので、一般家庭ではランチョンマットなどに、全ての器をのせるのがスペース的によいかもしれない。その場合に、香飯の奥に主菜、香菜の奥に副菜を置くのが自然であろう。ちなみに、こちらの写真にある並べ方は、別菜が一つの修行道場の中食《ちゅうじき》（昼食）をモデルとしている。

次に、箸はというと、香汁の入った汁椀の上に、箸先が自分側を向くように斜め四五度、例えるならば時計の針が一〇時二〇分を示すような角度にして置く。この置き方は、一般的な和食のマナーではタブーとされる「渡し箸」だが、鎌倉時代以来の箸置きを用いない応量器の作法からすると、食事中の衛生面に配慮された合理的な置き方となる。ゆえに、日常でこの作法を取り入れる際は、ＴＰＯに合わせて臨機応変に使い分けていただきたい。

では、この状態からどのように器を扱っていくのかというと、右利きの方の場合、まず不《ふ》浄指《じょうし》を使わないように、右手の人差し指と中指、親指で箸の中ほどをつまみ、左手は右手でつまんでいる所のすぐ横に添えて持ち上げる。そして、左手を返して箸の柄を持ち、箸をスライドさせ、箸の柄に近い部分を右手親指の付け根で挟み込む。すると、両手の指先が自由になるので、両手で器を持ち上げ、左手の親指、人差し指、中指を茶碗の下にくぐらせたら、丁度ホームランの記念ボールのオブジェのように三本指で下から支え安定させ、右手に持つ箸を起こして食べる。三口《くち》ほど料理を口に運んだら、箸を右手親指の付け根に返し持ち、指先の空いた両手で静かに器を置いて、箸を汁椀の上に戻し咀嚼する。これが、食べる時の一連の流れということになる。

ここで器を持つ指について補足をしておきたい。インドでは、清浄なものとされる食事に左手を用いることは禁忌とされ、右手の親指、人差し指、中指のみを使用するのがマナーである。しかし実際は、カレーと米を混ぜる時に右手の指先全体を使って混ぜるし、それを人差し指、

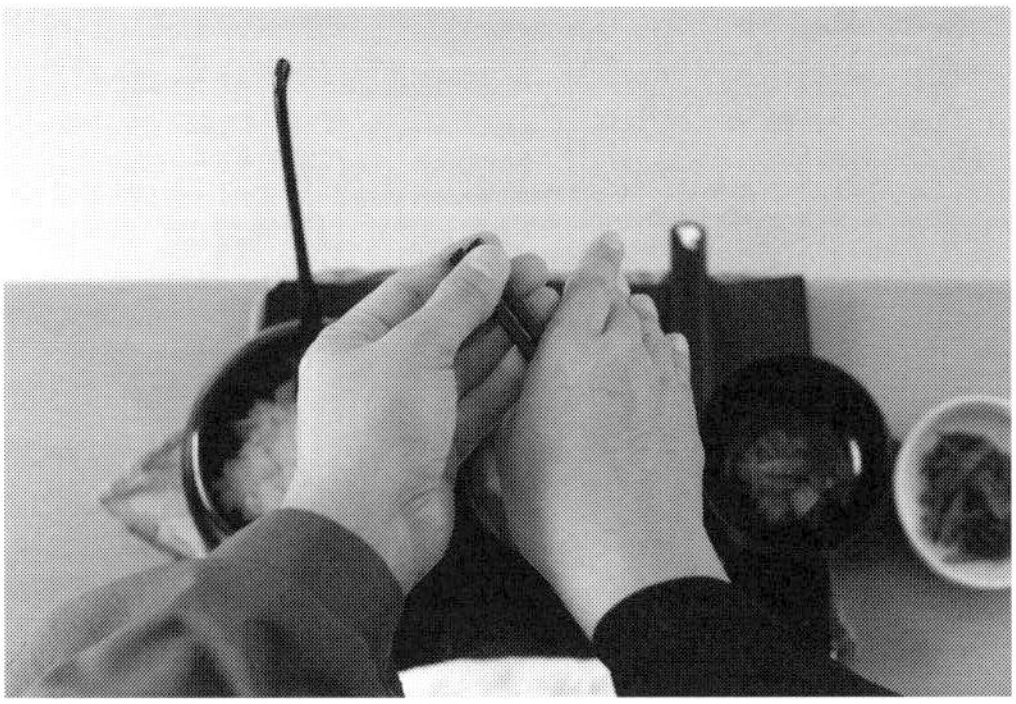

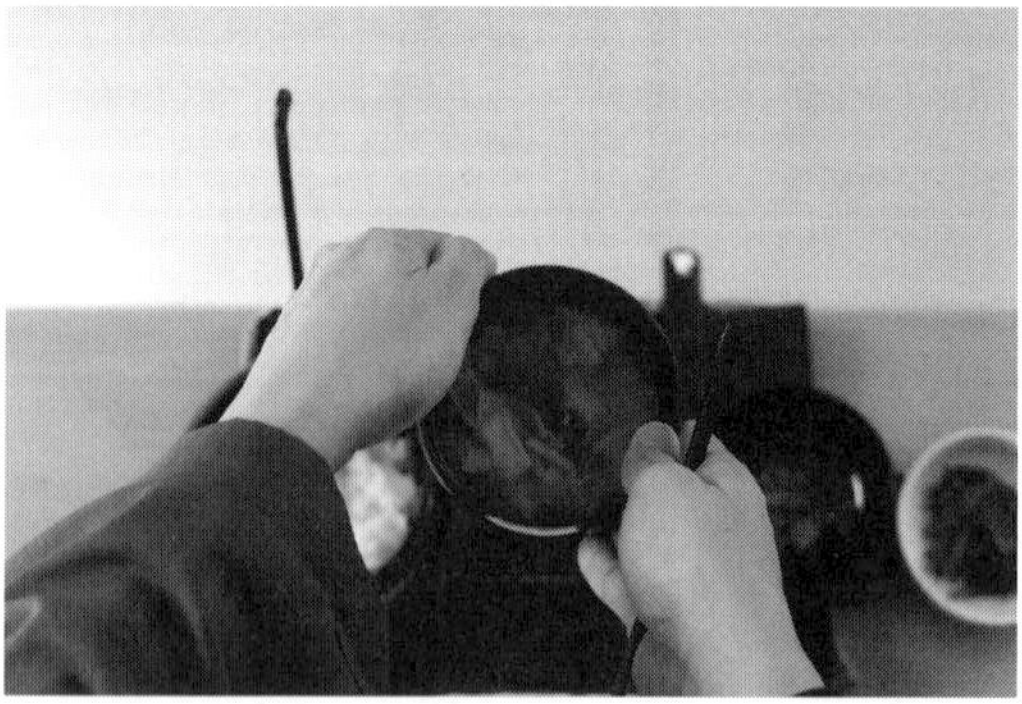

中指、薬指の指先から第二関節までの間に乗せ、親指で押すようにして口に放り込むといったように、薬指や小指も使用する。

曹洞宗では『赴粥飯法《ふしゅくはんぽう》』の記述に、応量器を扱う際には、両手の薬指と小指は使用しないとある。[4] これはあくまでも器類を扱う時の話で、筯《はし》や匙《さじ》にも適用されるのかどうかまでは分からないが、それを判断するには、この二指が左手のように不浄とされるのか、それとも単に用いられないだけの話なのか、明確にする必要がある。

伝統的に我々禅僧は、これら二本の指を不浄指と呼んではいるが、この名称は仏典には見えず、道元禅師も使用しないので、何を根拠にしているのかまでは判明しない。インドの状況を鑑みるに、右手の薬指と小指は、マナー上使用されないものの実質使用されており、不浄の左手を一切使用しない徹底ぶりと比較すると、不浄な指とは考えにくい。

ただ、『赴粥飯法』の当該箇所が、浄《じょう》と触《そく》（不浄）の文脈上にあるので、判断が難しいところではある。ひとまず現時点では、保留案件としておきたい。

また、器の外側も、半ばより上が浄、半ばより下が触とされ（『教誡律儀《きょうかいりつぎ》』「二時食法第八」では上部三分の二が浄、下部三分の一が触）、下から支える三本の浄指も、指先が半ばより上の浄の領域に触れるように持つ。ただ、『禅苑清規《ぜんねんしんぎ》』からの引用した『赴粥飯法』の記述には、「大拇指（親指）を以て鉢盂《ほう》の内に安じ、第二第三指（人差し指と中指）を鉢盂の外に傅《つ》く[5]」とあり、現在の作法とは異なって、もともとは器の中に親指を突っ込み、残り二指を器の上半分に付くように持てと読める。

しかし、実際この持ち方をしてみると、いわゆる鉄鉢型と呼ばれるフタのない碁石入れのような頭鉢の独特な形状も相まって随分と持ちにくいが、親指先の腹を器の内側に少しはみ出る程度に縁にフックさせると、残り二指は器の浄部分に落ち着き、折りたたんだ不浄指は自然と器の底、つまり触部分を支える形になり、しっかりと持つことができる。

咀嚼中は箸を置く

一つの料理を口に運んだら、咀嚼中は必ず一度箸を置き、手は膝の上で法界定印《ほっかいじょういん》（坐禅中の手の組み方で、手のひらを上に向けて右手の上に左手をのせ、親指で輪を作る形）を組む。そして、口の中が空っぽになったら、再び両手で箸を取り、器を持って食事を再開していく。

この作法に関しては、『赴粥飯法』と『禅苑清規』の双方に記述はない。わたしが大本山永平寺で修行をしていたときに教わったことである。しかし、これを実践していく中で、ある時、わたしの頭の中にひとつの気づきが舞い降りてきた。

〝この作法を実践している限り、一つの器の料理としか向き合えないようになっている〟

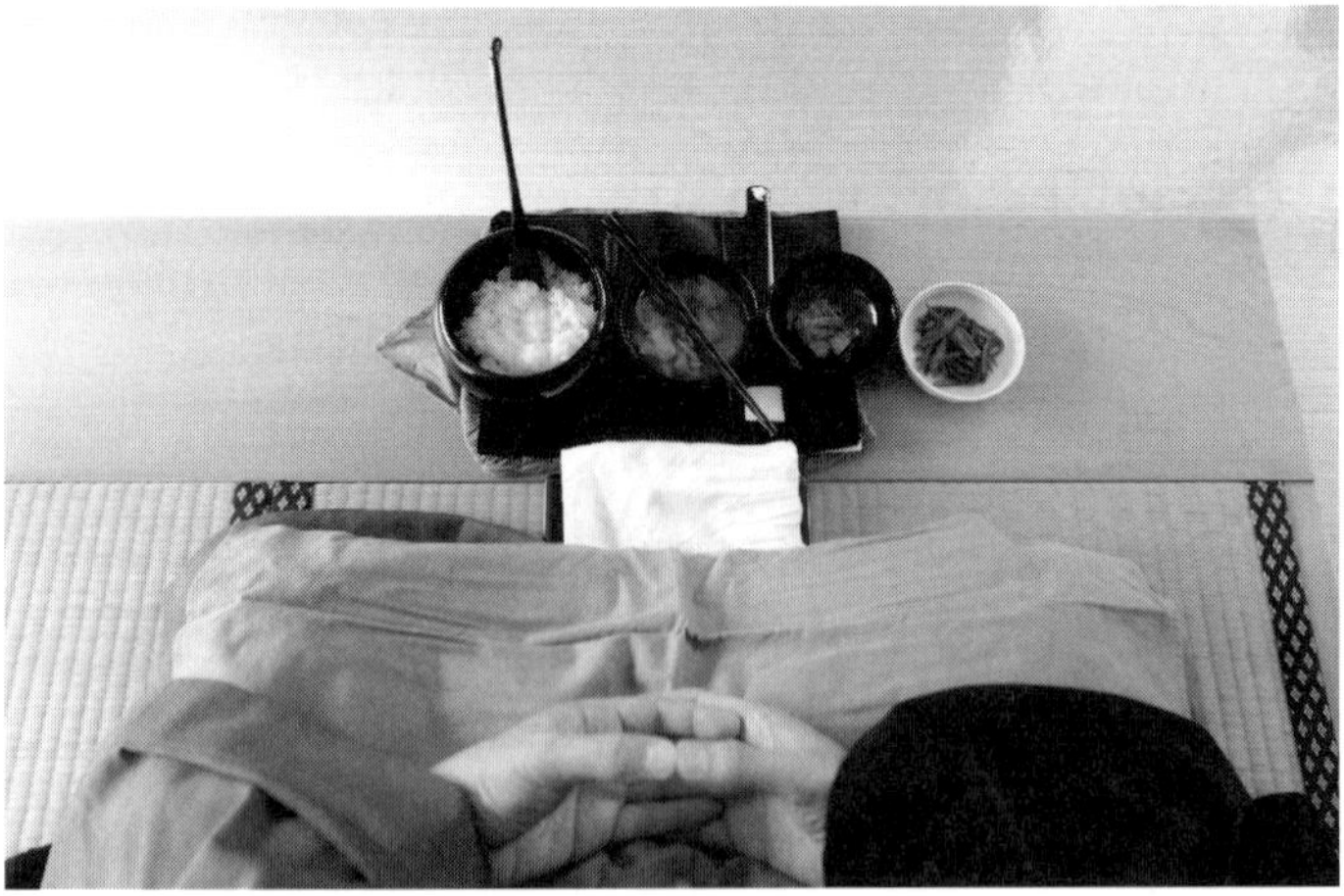

　この気づきは、わたしが精進料理の活動をしていこうと思うきっかけとなった。というのも、永平寺に上山して一年が経過した頃だったたか、坐禅堂で食事をしている最中に突然、「あれっ、この食事作法も禅の修行だよな」という考えが頭をよぎったのである。それまでのわたしは、ただ言われるがままに、決められた食事作法を間違えないように行うばかりで、〝禅の修行〟として食事を行っている感覚は皆無であった。ところが、この考えが頭に降りてきた瞬間から、自分の身に染み付いた食事作法が、禅の修行として成立していたことが分かり、驚きを禁じえなかった。作法によって、一つの器の料理としか向き合えないようになっているのは、「今この瞬間に、目の前の一つひとつのことと丁寧に向き合う」という禅修行の基本精神が、そのまま食事作法となって表現されているということにほかならない。そう考えると、器や箸を必ず両手で

扱うことも、食事または箸や器それ自体と丁寧に向き合うことにつながっている。
わたしは、そうとは実感を持たないまま、知らぬ間に禅の修行を実践していたわけである。
このように、食事作法を通し、今この瞬間の自己の営みと親しむ。これこそ、禅の食事の醍醐味といえよう。

すべていただく

禅の食事作法では、浄水《じょうすい》（熱湯）で完全に器を洗いあげる前に、香湯《こうとう》（熱いほうじ茶）と先端に布を巻いた鉢刷《はっせつ》で、器にこびりついた食べ物をきれいに削《こそ》ぐ段階がある。

一通り食べ終えると、匙《さじ》を口で拭《ぬぐ》い、頭鉢内に戻す（薬石は匙を使用しないのでこの工程はなし）。次に筯《はし》を汁椀（中食では頭鐼、薬石では第二鐼）の上から取り上げ、口で拭って手前に置く。喝食行者《かっしきあんじゃ》の「こーとーぅ」の発声を合図に浄人が坐禅堂内に入り、少量の香湯を中食では頭鉢に、薬石では頭鐼に注いでいく（小食は粥なので香湯はなく、いきなり浄水）。

そして、香湯でふやけた米飯をまず匙で落とす。終わって、頭鐼、第二鐼、別菜皿（薬石では第二鐼、第三鐼、別菜皿）の順に香湯を移し替え、最後の別菜皿で飲み干す。次に、頭鉢の中に立てかけた匙と鉢刷を入れ替え、鉢刷で全ての器を削ぐようにしてきれいにしていく。

最後に喝食行者の「じょーすーい」の発声を合図に、浄人が浄水を頭鉢（薬石では頭鐼）に注いでくれるので、仕上げに内側を鉢刷で洗い、頭鐼に浄水を移したら頭鉢の外側も奇麗に洗って浄巾で拭く。次に匙と筯を洗い、浄巾で拭き、匙筯袋《しじょたい》に収める。頭鐼の内側もきれいにしたら、鉢刷を中に入れたまま頭鐼を持ち上げて第二鐼を頭鐼の位置に動かしたあと、第二鐼に浄水を移し替え、頭鐼の外側を洗って浄巾で拭く。第二鐼の内側をきれいにしたら、鉢刷自体を洗い、浄巾で拭き匙筯袋に収める。こうして、浄水の入った第二鐼だけが最後に残るのである。

この一連の作法を見ると、結局、器に盛られていたものは、すべて自分の口に入っていることが分かる。

洗鉢《せんぱつ》

禅書『無門関《むもんかん》』第七則に「趙州洗鉢《じょうしゅう》」という公案がある。

ある時、趙州和尚に一人の雲水が問うた。

「わたしは入門早々の雲水です。どうぞお指図を」

趙州和尚、答えて曰く、
「お粥は食べたか？」
「はい、お粥は食べました」と雲水。
「では、鉢を洗いなさい」と趙州和尚。この返答に雲水は大きく気づくことがあった。

この話は、禅の修行道場での出来事なので、当然この雲水も食後に鉢を洗っている。にもかかわらず、〝大きく気づくことがあった〟というのはどういうことだろうか。それはおそらく、これまで大して意義を見出していなかった洗鉢に関して指摘を受けることで、日常の自己の振る舞いに意識を向けることの重要さに気づけたということなのだろう。

このように、禅の食事作法では、洗鉢は重視される。

箸や匙も含めて全部洗い終わるころに、折水《せっすい》桶を持った浄人が回ってくるので、第二鐼に入っている浄水を三分の二ほど桶に流し、残りを飲み干す。そして、それを浄巾で拭き終えたら、応量器をきれいに重ね、布で包んで収める。

現代に生きる我々からすると奇妙な作法に感じるかもしれないが、水が貴重であった時代から続けられてきたことを思えば、衛生管理の上からも必然性の高い作法であったと考えられる。実を言うと、この洗鉢は禅宗に限った作法ではなく、諸宗派で古くから行われる作法である。

もっと言えば、仏教の専売特許でもなく、一般民衆の中でも広く行われたことであった。

江戸時代頃から昭和初期頃までの一般家庭で見られた「箱膳《はこぜん》」の文化がまさにそれである。箱膳とは、銘々の食器が収められた箱で、それがそのままお膳の機能も持ったもので、明治時代に発明された「ちゃぶ台」にとって変わられるまでは、全国的に使われた。

箱の中には、陶器の茶碗、漆塗りのお椀、陶器の平皿、箸といったものが基本的に入れられており、食後はお茶や湯と漬物を用いながら洗うのが一般的であった。これに習い、応量器を用いない精進料理の略作法では、今でも漬物を用いて器を洗う。現在でも、一部のお年寄りの中には、食後にお茶で洗う人が居るのも、その名残といえよう。

この洗鉢作法を食後に行うのは、貴重な水を食器洗いのために無尽蔵には使えない修行の生活事情があったからだが、現代の日常生活においても多くのメリットが考えられる。まず、あとで流しで全て洗うにしても、一度個々人で洗鉢しておくことで、食器洗いが随分ラクになる。さらに、水や洗剤の使用量も減るので、自然と地球にやさしいエコな生活にもなるだろう。

また、洗鉢を前提にしておくと、後で洗うときに面倒くさくないような食べ方をするようになることも大きい。つまり、無意識に器をきれいにしながら食べるようになるというわけである。これは、美しい食べ方につながり、洗った水を飲み干し、洗鉢をし終えた真っさらな器を眺めると、全てのいのちをいただききった姿がそこに現れてくる。有り難く食事をいただくことは誰にでもできるが、〝いただききる〟ことはなかなかできることではない。先ほどの『無門関』に登場した雲水が気づいた大きなことというのも、案外こうしたことだったのかもしれない。

（1）道元（全訳注：中村璋八・石川力山・中村信幸）『典座教訓・赴粥飯法』講談社学術文庫、一九九一、二〇八―二一〇頁

（2）道元（全訳注：中村璋八・石川力山・中村信幸）『典座教訓・赴粥飯法』講談社学術文庫、一九九一、二〇〇―二〇二頁

（3）道元（全訳注：中村璋八・石川力山・中村信幸）『典座教訓・赴粥飯法』講談社学術文庫、一九九一、二〇八―二一〇頁

（4）道元（全訳注：中村璋八・石川力山・中村信幸）『典座教訓・赴粥飯法』講談社学術文庫、一九九一、二〇一―二〇二頁

（5）鏡島元隆／佐藤達玄／小坂機融『訳註 禅苑清規』曹洞宗宗務庁、一九七二、五三―五四頁

十二　「いただきます」と「ごちそうさま」考

「いただきます」にまつわる言説

現在、多くの日本人にとって、食前の「いただきます」と食後の「ごちそうさま」の唱言は、食事作法の一つとして受容され、テレビＣＭやドラマ、小説、アニメ、ゲームなどを見ても、食前食後のこうした営みの描写は、登場人物の〝丁寧な人物像〟を表現するひとつの手法として機能している。

かつてわたしは、拙著『心が疲れたらお粥を食べなさい』（幻冬舎）の中で、この「いただきます」「ごちそうさま」及び、付随動作としての「合掌」に関して、成立の歴史、誰に対しての唱言なのか、またその現代的意義について述べた。二〇一四年当時にこれを書いたのは、当時の仏教界において（現在においてもそうだが）、僧侶が説法の際に「いただきますは〝いのちをいただく〟ということだ」と、仏教学的エビデンスを示さずに語ってしまう姿勢に疑問を持ったからにほかならない。

言うまでもないが、「いただきますは〝いのちをいただく〟ということだ」という言説は、それっぽさもあって耳なじみがよく、〝正しさ〟を感じさせる言葉ゆえに、聴く側にはありがたい言葉として受け取られるし、話す側も悦に入りやすい。しかし、僧侶が仏教の文脈で発する言葉であるならば、やはり、どの経典のどの部分にこの言葉の根拠があるのか、エビデンスを提示する必要がある。それもなしに雰囲気や感情論だけで語るのであれば、それは話を聴く人にも仏教に対しても誠意のある態度とは言えない。

そこで、曹洞宗僧侶としては、仏教者の食事との向き合い方を説いた道元禅師の『典座教《てんぞきょう》訓《くん》』及び『赴粥飯法《ふしゅくはんぽう》』に、まずはその根拠があるのかどうか見ていきたいが、結論から言うと、そうした記述はない。実際、僧堂での食事作法で「いただきます」や「ごちそうさま」を唱えることはなく、日本の諸宗派における食事作法をまとめた浅井覚超氏の『真言宗食事作法解説』（高野山出版）を見ても、現行の日蓮宗でしか唱えられていない。しかしこれは、宗派内で僧俗共に信行に励む気運が高まる中、昭和四七（一九七二）年に食法が改変されて新たに加えられたものであり、元々僧侶のみで行っていた作法には存在しない。つまり、各宗派の僧侶の正式な食事作法においてこの文言は唱えられていないということであり、つまるところ仏典に根拠を求めるような類いのものではないと分かる。

一方で、各宗派が発行している檀信徒や門徒向けの布教資料では、食事作法として「いただきます」や「ごちそうさま」を採用するのが普通であり、〝仏教的な〟食事作法に関して、僧侶生活と一般生活でダブルスタンダードが成立しているということになる。そこには、日本人の習俗として「いただきます」や「ごちそうさま」を受容し、日常的に唱えることに馴染んだ現代僧侶の複合的な様相が見て取れる。

ちなみに、先にも述べたとおり、曹洞宗の僧堂での作法でもこれらを唱えないが、これに該当する〝所作〟は存在する。食べ始めに主食たる粥や米飯の盛られた器を、額の上に擎《ささ》げる擎《けい》鉢《はつ》がそれで、まさに額に器を頂く・・この姿は、禅式の「いただきます」であろうし、食後に使用した応量器を袱紗《ふくさ》で包んだあと、後唄《ごばい》が唱えられるタイミングで行う擎鉢もまた禅式の「ごちそうさま」と言っても過言ではない。これらの所作は無言のうちに行われるが、言葉に出さずとも同様の精神は態度に表れているのである。

「いただきます」と「ごちそうさま」の歴史

さて、食事作法としての「いただきます」や「ごちそうさま」について、詳細は先述の拙著を参照していただくとして、ここでは概要を述べておきたい。

一九八三年に明治～大正生まれの人々を対象とした食卓生活史の調査・研究を行った熊倉功夫氏によると、彼らが子どもの頃に「いただきます」と言ったかどうかは家庭ごとに異なり、今ほど一般的なものではなかったとしている。また、昭和一六（一九四一）～一七（一九四二）年に民間伝承の会（現・日本民俗学会）が全国各地の農村地域で実施した「食習調査」の資料（『日本の食文化――昭和初期・全国食事習俗の記録』（一九九〇年、岩崎美術社）『日本の食文化 補遺編』（一九九五年、岩崎美術社）所収）でも、同様の結果が得られている。

では、いつ頃からこれらの文言が、広く唱えられるようになったかというと、戦前戦後の昭和時代を通じて成立、浸透していったようである。帝国主義の統制下にある昭和初期の小学校では、「箸取らば、天地《あめつち》御代《みよ》の御恵《おんめぐ》み、（主）君や親の御恩《ごおん》あぢわゑ」（出典：文化九年（一八一二）以降刊の生活訓『孝行《こうこう》導草《みちびきぐさ》』）と、天の恵みとこの時代の主君たる天皇陛下、そして自分の父母に対して感謝を述べ、続けて「いただきます」と唱えて食事をしていた。そして戦後、「箸取らば……」の文言だけが除かれ、学校内の食事作法として「いただきます」と「ごちそうさま」が残り、その頃の子どもたちが親の立場になったときに家庭の食事作法として取り入れ、徐々に一般化したと考えられる。

しかし、これはあくまでも広く唱えられるようになった背景の話であって、少数でもそれまでに唱える家庭は存在していた。「食習調査」の記録を見れば、「よほど信仰のある家とか教養のある家で、合掌をしてからいただきますぐらいいう人もまれにはある……」や「食う時に『頂きます』と言い、終わってから手を合わせて拝し、『御馳走様』と言うくらい。これもほとんど無意識的にやっている」などの証言や、客人や奉公人が家の主人に「いただきます」や「ごちそうさま」というのは普通の礼儀であるともされ、必ずしも帝国主義的学校教育の影響だけではないことは、押さえておかなければならない。

「食習調査」のデータの分析

ここでは、先にも触れた『日本の食文化——昭和初期・全国食事習俗の記録』と『日本の食文化　補遺編』の二つの資料を元に、日本仏教の根付く、日本国自体の食文化の側面から述べていきたい。

この二つの資料は、昭和一六～一七年にかけて、全国八五カ所の農村地域で「食習採集手帖」質問項目一〇〇問について聞き書きしたものをまとめたものである。その中の第四五問「食前または食後に何か祈りの言葉とか、唱言がありますか。それはどんな言葉ですか。それは誰に向かって誰が言いますか。節日と日常時には相違がありますか。間食の時にも唱えますか」についての回答データから眺めていこう。

まず、この問いに関する有効回答数は、八五カ所のうち六八。一〇〇問にも及ぶ質問の中で、回答が得られない項目のある地域がいくらか散見された。採集を担当した人物によってもクセがあり、関心の度合いからか特定の項目にのみ詳細を報告する人や、全体を通してあっさりとした内容しか聞いていない人など、おそらく統一した手続きの徹底という面で問題があったと考えられるが、とりあえずこの六八カ所を母数として「いただきます（同義語含む）」「ごちそうさま（同義語含む）」に関して結果を見ていきたい。

まず、食前の「いただきます」、食後の「ごちそうさま」を両方唱えると回答したのは二二カ所（三二・四パーセント）。そのうち、日常的に唱えるとしたのは、一九カ所（二七・九パーセント）であった。

次に、食前の「いただきます」は言うが、食後の「ごちそうさま」は言わないとしたのは、六カ所（八・八パーセント）。逆に、食前の「いただきます」は言わないが、食後の「ごちそうさま」は言うとしたのは、四カ所（五・九パーセント）。

全体的に見ると、どちらかしか唱えない地域はあるにせよ、「いただきます」や「ごちそうさま」はいずれも二九カ所（四二・六パーセント）で唱えられている。

ちなみに、「いただきます」と「合掌」を合わせて行う地域は二カ所（二・九パーセント）、

「ごちそうさま」と「合掌」は三カ所（四・四パーセント）あるが、食前の「いただきます」と食後の「ごちそうさま」の両方で「合掌」を行う地域は皆無であった。そして、「いただきます」ではないが、浄土教の強い地域では、「合掌」をして「念仏」を唱えたのちに食事をするところも二カ所（二・九パーセント）あった。

また、食前は「合掌」のみの地域が五カ所（七・四パーセント）、食後に「合掌」のみの地域が三カ所（四・四パーセント）。そのうち、どちらも「合掌」のみ行なう地域は一カ所（一・五パーセント）。さらに、食前に額の前にご飯茶碗を「頂く動作」をする地域は四カ所（五・九パーセント）あるが、食後にこの動作をする地域は皆無であった。

ここであげたデータだが、実に多彩なバリエーションが見られる。例えば、食前は「いただきます」とだけ唱え、食後は合掌のみで終わらせる地域もあれば、食前に茶碗を額に頂きながら「いただきます」と唱え、食後には箸を額に頂いて「ごちそうさま」と唱える地域もある。このように、全国的に統一されたものがあるわけではなく、各地で非常に多様な食前食後の営みがなされていたことは、極めて興味深い。

かつての日本人は、「いただきます」も「ごちそうさま」もちゃんと唱える文化を持っていたという言説がある。しかし、この調査結果を見る限り、かなりの割合で食前食後の唱言がなされていなかった。しかも、「合掌」となると、完全に少数派である。

ただ、このサンプル採集は主に農村地域で行われ、当時五〇パーセント以上を占めていた農業を生業にしている人々へのインタビューであった。つまり、当時の彼らは食事をした人から農作業に出かける行動様式ゆえ、行儀作法に厳しくなるちゃぶ台（家族の成員が皆そろって同じテーブルで食事をする）文化ではなかったと考えられ、人口の集中する都市部の事情とは異なっていたかもしれない。

このように、全国民の状況を確実に反映したデータかといわれると怪しいが、少なくとも当時の国民半数の感覚には近いものが反映されており、これは決して軽んじてよいデータ量とは言えない。

仏教における食前食後のお唱えごと

ここまで、結局のところ仏教の歴史では、「いただきます」も「ごちそうさま」も言ってこなかったことを述べてきた。いや、先にあげたように一部の信仰の篤い家では「いただきます」や「合掌」がなされていた事例もあるので、一概には言えない部分はあるが、少なくとも正式な僧侶の食事では行われてこなかった。

一方で、仏教の諸宗派では、正式な食事作法として、非常にたくさんのお唱えごとを行う。

それはもう、食前・食中・食後と、ことあるごとに唱えるのだ。これに関しては、先述の浅井覚超氏の文献が非常にまとまっているので参照していただきたい。

　そこで、今回のテーマが食前と食後の唱言なので、仏教の食事作法で言うと、食前の正食《しょうじき》偈《げ》（正観とも）と、食後の食竟偈《じききょうげ》（食訖偈、結斎偈とも）がそれに該当する。これらの偈文は、『華厳経《けごんきょう》』「浄行品《じょうぎょうぼん》」に記されているのだが、仏駄跋陀羅《ぶっだばっだら》訳の『六十華厳』と実叉難陀《じっしゃなんだ》訳の『八十華厳』では文言が異なる。

　まず、ほとんどの宗派で採用されているのは『八十華厳』であり、次の通りである。

〈正食偈〉（『八十華厳』）
若飯食時《にゃくぼんじきじ》　当願衆生《とうがんじゅじょう》
〈もし飯を食べる時には、まさに願わくば衆生とともに〉
禅悦為食《ぜんえついじき》　法喜充満《ほうきじゅうまん》
〈禅定の悦びを食とし、真理による歓喜の心が充満しますように、と〉

〈食竟偈〉（『八十華厳』）
飯食已訖《ぼんじきいこつ》　当願衆生《とうがんじゅじょう》

〈食事が終わったならば、まさに願わくば衆生とともに〉

所作皆辨《しょさかいべん》　具諸仏法《ぐしょぶっぽう》

〈皆成すべきことを成して、仏の真理が実現できますように、と〉

※読みは、宗派によって微妙に異なる。

次に『六十華厳』の文言を示す。

〈正食偈〉（『六十華厳』）

若噉食時《にゃくえんじきじ》　当願衆生《とうがんじゅじょう》

〈もし食物をのみこむ時には、まさに願わくば衆生とともに〉

禅悦為食《ぜんえついじき》　法喜充満《ほうきじゅうまん》

〈禅定の悦びを食とし、真理による歓喜の心が充満しますように、と〉

〈食竟偈〉（『六十華厳』）

飯食已訖《ぼんじきいこつ》　当願衆生《とうがんじゅじょう》

〈食事が終わったならば、まさに願わくば衆生とともに〉

徳行充盈《とくぎょうじゅうえい》　成十種力《じょうじゅうしゅりき》
〈あふれるほどの徳行で満たし、菩薩《ぼさつ》の十種の力を成せますように、と〉

多くの宗派では、正式な食事作法の中にこの正食偈と食竟偈を具えているが、曹洞宗の場合、このどちらも〝正式な〟食事作法には採用されていない。しかしこれは、あくまでも僧堂飯台と呼ばれる〝正式な〟場では唱えないというだけで、僧堂以外で食べる略式の作法ではこれを唱えるが、『八十華厳』から正食偈、『六十華厳』から食竟偈と、なぜか混ざっている。

（曹洞宗の略飯台）
〈正食偈〉（『八十華厳』）
若飯食時《にゃくおんじきじ》　当願衆生《とうがんしゅじょう》
禅悦為食《ぜんえついじき》　法喜充満《ほっきじゅうまん》
〈食竟偈〉（『六十華厳』）
飯食已訖《おんじきいこつ》　当願衆生《とうがんしゅじょう》
徳行充盈《とくぎょうじゅうよう》　成十種力《じょうじゅうしゅりき》

ただし、読みに違いがあり、「飯食」を「おんじき」、「充盈」を「じゅうよう」と発音する。なぜそのように発するかまでは分からない。同じ曹洞宗内でも、「飯食」を他宗と同じく「ぼんじき」と読む修行道場もあることから、永平寺での読み方も昔からの習わしではなく、何かのきっかけで変化した可能性もある。実際、各修行道場に置かれる堂頭《どうちょう》や後堂《ごどう》といった監督役の僧の方針で、細かな規矩が変わることはよくあることなので、そうしたことによるのかもしれない。また、それとは別に、京都東寺《とうじ》（真言宗）の作法では「飯食」を「おんじき」と読むようなので、あながちこの読みが完全な間違いとまでは言い切れないところが悩ましい。

さて、やや話が逸脱したが、このように日本仏教の多くの宗派が、食事の際に『華厳経』「浄行品」の偈文を採用し、今も運用している。内容を見れば一目瞭然であるが、食前も食後も、食べる人がこの食事によって生かされることで〝衆生とともに〟仏道に邁進できますようにと願いを立てているわけだ。

自分だけではなく他者なる衆生も一緒に救われようと願う、つまり大乗仏教らしい菩薩としての在り様がここに読み取ることができるが、「いただきます」や「ごちそうさま」に見える感謝の対象たる〝他者性〟がここでの共通項であり、同時に重要なポイントでもある。

あなたがご飯を食べるとき、他者なる存在を感じることがあるだろうか。食事を自分の命をつなぐ糧として認識できても、五観の偈で説かれるように、生産者をはじめとする多くの他者によって成立している現実に思いを馳せることができているだろうか。

仏教の食事作法であれば、食事の際にも合掌し、米の盛られた器を額の前に持ち上げ頂き、経文や偈文を唱えることで〝他者性〟を感じる機会があるが、「いただきます」や「ごちそうさま」を自動的に唱えるだけの人にとっては難しい話かもしれない。

ただ、こうした視点から日々の食事と向き合うことは、禅に限らず多くの宗派で仏道実践ととらえている。正食偈や食竟偈ではなくとも、普段の「いただきます」や「ごちそうさま」の中にそうした〝他者性〟を見いだし、日々唱えることができるかどうか。そこが問われているのである。

第二部　インド・中国・日本の僧食

十三　牛乳と仏教（上）

経典に出てくる牛乳と乳加工品

「精進料理では牛乳や乳加工品を用いてよいか？」

実によく聞かれる質問である。

これについて、部派仏教諸宗の僧が守るべき『具足戒《ぐそくかい》』「九十波逸提《はいつだい》」四〇に、「病気でもないのに美食を在家者に求めてはならない。求めずして得るは可」との規定がある。これを破れば波逸提という軽罪になる。

結論から言うと、牛乳や乳加工品の類は、この律の〝美食〟にあたるのだが、該当する食品は部派によってまちまちで、化地部《けじぶ》『五分律』には「乳・酪・酥・油・魚・肉」の六種、大衆部《だいしゅぶ》『摩訶僧祇律《まかそうぎりつ》』では「酥・油・蜜・石蜜・乳・酪・魚・肉」の八種、法蔵部『四分律』では

「乳・酪・魚・肉」の四種、説一切有部《せついっさいうぶ》『十誦律《じゅうじゅりつ》』では「乳・酪・生酥・熟酥・油・魚・肉」の七種と規定されている。この中の「乳」は牛乳、「酪」「酥」「生酥」「熟酥」が乳加工品である。

六年間に及ぶ苦行でボロボロになった成仏前の若き釈尊の身体を癒やしたのは、ガンジスの支流ネーランジャー河のほとり、セーナーニー村長の娘スジャーターの供養した牛の乳粥であったことを思えば、律の成立以前にも乳が体調のよくない者に効くことは知られていたようである。

しかし、少なくとも現在の曹洞宗の精進料理では牛乳は使用されない。大乗戒として知られる『梵網経《ぼんもうきょう》』「十重四十八軽戒」や禅独自の規律「清規《しんぎ》」に、牛乳や乳加工品の規定は特に見られないので、僧に使用の禁止も許可もされていない状況であり、口にしても本来は問題ないのであろう。

現在表立って使用されないのは、牛乳を口にできたのが古墳時代から平安期までの天皇や貴族という一部の人々だけであり、庶民には明治以降徐々に展開していった歴史と関係する。そもそも、一般的な僧侶が目にする機会など到底《とうてい》なかったのである。

一方で、乳加工品「蘓（蘇）」を供物や儀礼に使用したという平安期の文献ならば存在するので、特定の時代であれば存在はしたのだろうが、そもそも日本の僧侶が牛乳を口にしたという文献には出会ったことがない。あるのであれば、教えてほしい。

ところで、先の部派仏教の戒律を破って〝波逸提〟となった場合、四人以上の僧で構成されるサンガ、あるいは二、三人の僧、または長老の前で告白することで罪が成立し、それが受理されると僧権が復活することは前にも述べた。森章司氏の研究によれば、ここで言う「告白」とは、「罪を犯したことを申告し、出家修行者として活動する権利の復活を願い出る法手続き」のことで、大乗仏教で言われる「罪を悔いて許しを請う」意の〝懺悔《さんげ》〟とはニュアンスが異なるという。

では話を戻して、この「乳酪酥油魚肉」の文言を見てみると、「乳」「酪」「酥」がある。仏教に詳しい方であれば、ここにはない「醍醐《だいご》」という乳加工品の存在もご存じであろう。

しかし、この醍醐。作り方が不明なだけではなく、現物も見当たらないため、どういうものか分かっていない。ただ、乳加工品であることだけは知られていて、仏教典籍にはよく登場する。

特に大乗版『大般涅槃経《だいはつねはんぎょう》』の「牛より乳を出し、乳より酪を出し、酪より生酥《しょうそ》を出し、生酥より熟酥《じゅくそ》を出し、熟酥より醍醐を出す、醍醐は最上なり。……仏もまたかくの如く、仏より十二部経を出し、十二部経より修多羅《しゅたら》を出し、修多羅より方等経《ほうどうきょう》を出し、方等経より般若波《はんにゃは》羅蜜《らみつ》を出し、般若波羅蜜より大涅槃経を出す[1]」の文章が有名で、ここでは最上級品の醍醐のように、『涅槃経』こそが最終にして最高の経典であると説く。これは、「五味相生の譬《ごみそうしょうのたとえ》」と呼ばれ、我々が日常的に使用する〝醍醐味〟の語源がここにあると一般的には言われている。となると、大乗版『大般涅槃経』の成立した四世紀頃のインドが「醍醐」の発端となるが、実はそうではない。

漢訳経典『長阿含経《じょうあごんきょう》』の第二八経『布吒婆楼経《ふたばろうきょう》』、また同類のパーリ仏典経蔵長部の第九経『ポッタパーダ経』のいずれにも、「乳→酪→生酥→熟酥→醍醐」という乳の五味を用いた教説が存在しており、いわゆる『阿含経』は初期仏教の経典とされるので、後に成立した大乗経典以前のものだと分かる。

一方、『布吒婆楼経』では、「チッタよ、例えばそれは、牛から乳が、乳から酪が、酪から生酥が、生酥から熟酥が、熟酥から醍醐が生じるようなものだ。乳が生じるとき、それは決して酪と呼ばれることがない。生酥とも呼ばれることがない。熟酥とも呼ばれることがない。醍醐とも呼ばれることがない。その時はただ乳とだけ呼ばれるのである」と乳の五味の記述がなされる。(2) ここでは、調象師の子チッタに対し、釈尊が「名称」と「概念」との関係について語る文脈で、乳、酪、生酥、熟酥、醍醐はどれも元を辿れば同じ牛ではあるけれども、それぞれ縁によって形態を異とするわけなので、同じ名称で呼ばれることはないと説かれている。

ちなみに、道元禅師はこうした存在の捉え方について、『正法眼蔵《しょうぼうげんぞう》』「現成公案《げんじょうこうあん》」巻で次のように述べている。

たき木は（燃えて）灰になる。その灰がもう一度たき木になるはずはない。そうであるのに、灰は薪の後の姿であり、灰の前身は薪であると見取《み》てはならない。よく理解しなさい、薪《たきぎ》は薪のあるべきあり方にあって、その前（樹木であった時）もあり、その後（灰になること）もある。前も後もあるのだが、前も後もまったく別の存在としてあるのである（前後際断《ぜんごさいだん》）。灰になった時の灰は灰の法位（その時のあり方）としてあり、その後のあり方もあれば、その前のあり方もある。(3)

道元禅師の時間観については『正法眼蔵』「有時《うじ》」巻に詳しいが、基本的には我々が一般的に想定する外的で客観的な時間など自己の迷いでしかないと否定し、そうではなくて、時間とは「世界のありのまま（仏の在りよう）が自己と一体となって立ち現れる今この瞬間」であると示している。つまり、前後際断された今とは、縁起によって成り立っている現実世界を、自己がありのままに認識した瞬間のことである。

となれば、乳、酪、生酥、熟酥、醍醐も、縁起によって各々の形態になっているだけで、時間経過を問題とはしない。しかし、いずれにしても、『布吒婆楼経』における乳の五味の使われ方は、単純に説明の道具でしかなく、『涅槃経』の用例とは随分異なる印象である。

道元禅師と醍醐

ところで、わたしが醍醐という乳加工品の存在を知ったのは、道元禅師の記した『典座教訓《てんぞきょうくん》』を初めて読んだ時である。では、醍醐の語が登場する箇所を引用してみよう。

醍醐味というご馳走を作るときも、それを決して特別上等だとはせず、莆菜羹《ふさいこう》（菜っ葉を用いた粗末な汁物）を料理する時も、必ずしも粗末なものと見なしてはならない。菜っ葉を手にして調理する時も、真心・誠実な心・清らかな心で、醍醐味を作る時と同じようにしなさい。(4)

これを読んでまずわたしは、「醍醐味というご馳走を作るとき」とあることから、もしかすると道元禅師の時代の僧侶たちは、醍醐を実際に作って食べていたのではないかと想像した。しかし、醍醐の製法に関する文献資料は、中国明代の医薬書『本草綱目《ほんぞうこうもく》』に触れられている程度で、それも編纂された時代は大分くだる。もっと言えば、ここ数十年の農学研究の知見をフル動員してようやく正体が見えてきたところだ。

となると、道元禅師の周辺で醍醐が食べられていたとは到底《とうてい》考えられないし、現物も存在しえない。

ではなぜ、作ることができもしないのに〝醍醐味を作る〟と表現するのか。次に、『典座教訓』の別の箇所を引用してみよう。

たとえ蒲菜羹を作る時でも、これを嫌がったりいい加減に扱ったりする心を起こしてはならない。また、たとえ頭乳羹《ずにゅうこう》（牛乳入りのような上等な汁物）を作る場合も、それに引きずられて喜んだり、浮かれたりする心を起こしてはならない。(5)

さて、二つの引用を見ると、どちらも似たような内容である。また、蒲菜羹に対応する形で「醍醐味」と「頭乳羹」の語句が使用されることから、道元禅師の中でこの二つは同様のものとして認識されていそうだ。

鎌倉時代初期、牛乳文化消滅の過渡期に貴族の子息として生を受けた道元禅師。頭乳羹であれば、実際に目にすることがあったかもしれない。

古代の乳加工品の再現実験史

謎ばかりが膨らむ乳加工品「醍醐」。実際のところ、醍醐とはどのようなものだったのか、探ってみたい。

さて、醍醐に関わる論文・文献を色々と調べてみると、仏教学よりも農学や畜産学の領域で研究が盛んである。それはある意味当たり前の話で、仏教学では「醍醐」の正体を解明するには、文献にどのように記されているのかが問題となるが、その頼みの文献にその正体が言及されない場合、人文科学の手法では完全にお手上げとなる。一方、農学や畜産学といった自然科学の分野では、文献を元に物質を再現する研究が盛んに行われているので、やはりこちらに分があるわけである。

そんな中、こうした古代の乳加工品の再現実験自体は、農学者の間で行われ、鴇田《ときた》文三郎氏の一九七五年の研究に始まり、八〇年代後半の斎藤瑠美子氏や有賀秀子氏ら、一九九二年の和《わ》仁皓明《にこうめい》氏、また、二〇一〇年代の平田昌弘氏と引き継がれていく。

一方、醍醐の正体についても様々な推定がなされてきた。

畜産学者・宮脇富《あつし》氏は一九五三年に「ギー（インドを中心とした南アジアで古くから作られるバターオイルの一種）」または「バター」、農学者・仁木達《とおる》氏は一九七四年に「ギー」、和仁皓明氏は一九七九年に「低融点分別バター脂肪」、畜産学者・足立達《すすむ》氏は一九八〇年、また植物学者・中尾佐助氏は一九八五年に「バターオイル」、有賀秀子氏は一九八八年に製造法的にモンゴルのシャルトスに近い「高脂肪含有固形物から自然溶離したオイル状物質」と、それぞれ見解を示している。

こう見ると、多くの研究者の結論が似かよっているが、そこに至る過程が案外バラバラで面白い。なぜそんなことが起きるかというと、「底本とする文献」と「地域」の二点の違いに集約できる。もちろん、文献は「時代」を反映しているので、そのあたりも加味しなければならない。

さらに、ほとんどの文献で、生乳→酪→生酥までしか製法が記述されておらず、その先の工程は想像に任される。そこで、近年に再現実験を行った農学者・平田昌弘氏の研究に主なスポットを当てていきたい。

(1)『大正新脩大蔵経』一二巻、四四九頁上六―九
(2) 片山一良・訳『パーリ仏典〈第二期2〉長部(ディーガニカーヤ)戒蘊篇Ⅱ』大蔵出版、二〇〇三、二七一頁
(3) 水野弥穂子:訳註『原文対照現代語訳　道元禅師全集　正法眼蔵1』春秋社、二〇〇二、五二頁
(4) 道元(全訳注:中村璋八・石川力山・中村信幸)『典座教訓・赴粥飯法』講談社学術文庫、一九九一、一〇一―一〇二頁
(5) 道元(全訳注:中村璋八・石川力山・中村信幸)『典座教訓・赴粥飯法』講談社学術文庫、一九九一、四五―四七頁

十四　牛乳と仏教（中）

乳加工品の伝播プロセス

ほとんど不明な生酥《しょうそ》→熟酥《じゅくそ》→醍醐《だいご》の工程は、記述のある他の文献を参考にするか、紀元前六〇〇〇年代後半に西アジアで始まった乳加工品の伝播プロセスを踏まえる必要がある。

その上で、底本とする文献の書かれた地域の乳加工技術がどこまで反映されているかなど、牧畜文化史から推測せざるをえない。

農学者・平田昌弘氏によると、そもそも牧畜で多産ならざるヤギやヒツジなどの哺乳類を家畜化したのは、一時限りの食肉利用ではなく、安定的な食料源としての乳やその加工品の摂取を目的としたからだという。

また、牧畜民の主要な家畜である羊や山羊は、繁殖期が決まっているため、春から秋のおよそ九ヶ月間しか搾乳することができない。もし一年を通して乳に依存するのであれば、豊富な搾乳量のある夏場に加工、及び貯蔵をすることで、冬を乗り切ることができる。

つまり、牧畜の本質は〝乳加工品の貯蔵〟にあるというわけだ。冬に入って急に食べ物がなくなるのでは、牧畜生活の維持は厳しいものとなってしまう。

ところで、平田氏の研究を過去のものから順に読んでいると、ある日突然〝醍醐〟に関心を持って再現実験を試みたという感じではない。研究業績を俯瞰すれば、まずは牧畜の人類史的視点から、世界中の牧畜民を実際に訪れ、乳加工の地域特性を明らかにしており、その上でインドを含む南アジアの仏教典籍に記述のある乳加工品について迫ろうとしている。

平田氏は、醍醐の再現に取り組む前に、まず、中国の北魏（三八六〜五三四）末の五三二から五四九年の間に成立した農業技術書『斉民要術《せいみんようじゅつ》』（現存する最古の農書）を底本として再現実験を行った。

当初北魏では道教が保護され、一方で仏教は排斥されたが、『斉民要術』の時代にはむしろ仏教の方が積極的に保護されていたので、内容にもその影響が見られる。

実際、乳加工に関して「酪」「乾酪」「漉酪《ろくらく》」「酥」の記述があり、「乳→酪→生酥→熟酥→醍醐」といった〝乳の五味〟とは異なるが、「酪」や「酥」の言葉が使われていることは注目に値する。

酪の作り方

では具体的な製法はどうだったか。

北魏は、元々モンゴルの遊牧民族・鮮卑《せんぴ》が建てた国で、後に華北を統一すると漢化政策が推し進められた。それに伴い元の鮮卑文化は排斥されていくのだが、そんな中記された『斉民要術』の牧畜に関する記述はよく整備され、当時のモンゴル遊牧文化を知るには一級の資料と言える。

さて、この書には乳加工に関して「酪」「乾酪《かんらく》」「漉酪《ろくらく》」「酥」の記述があるが、まず生乳から酪を生成する工程を見てみよう。

酪は牛乳、羊乳のいずれからでも作れる。まず、乳を鍋に入れ、とろ火で加熱する。火が強いと底が焦げる。その間、柄杓《ひしゃく》で中身を掬《すく》い上げ、持ち上げて上から落とし、吹きこぼれさせない。また、時々底まで縦横十文字に攪拌《かくはん》し、この時、間違っても円く攪拌しない。沸々してきたら、加熱を止めて盆にあける。少し冷めたら表面の乳皮をすくって取り分けておく。これは酥の原料となる。

残りの乳は濾過したのち、清潔な瓶に入れ、酵として作り置きした良質の酪を加えてムラなくかき混ぜる。

酪を寝かせるには、体温よりやや温かいところが適温で、それより高温だと酪は酸味が強くなり、低温だと上手くできない。毛布類で瓶を包み、保温しておくと翌朝には酪ができている。[1]と、『斉民要術』の「作酪法」の一節を要約してみたが、これを読んでピンときた方もいることだろう。そう、これは紛れもなく、ヨーグルトの製法である。となると、文中の「酵」は種菌としての酸乳（発酵乳）を指し、「酪」とはヨーグルトのこととなる。

およそ一五〇〇年の時を経て、基本的な酪（ヨーグルト）の作り方が変わらないというのも非常に面白い。

平田氏によると、このような発酵乳を用いた乳加工は、全ての牧畜文化で見られるそうなので、もっと歴史は遡れるのだろう。

乾酪と漉酪の作り方

次に、この酪からは、「乾酪《かんらく》」と「漉酪《ろくらく》」ができるという。

「乾酪」は七〜八月中に作る。酪を天日に晒すと表面に乳皮ができるので、それをすくい取る。晒す度に乳皮ができるので、取れなくなるまで繰り返しすくい取る。集めた乳皮を鍋に入れて加熱し、浅い皿にあけて天日に晒す。ある程度水分が飛んだら、ナシの実の大きさほどの団子にし、天日にさらして乾かす。乾酪は何年経っても腐らないので遠出の旅に用いられる。

「漉酪」は、八月中に作る。甘くて濃い上等な酪を作り、生布の袋に入れて吊し置くと、水がポタポタと垂れる。水が切れたら、鍋に入れてしばらく加熱し、皿にあけて天日に晒す。ある程度水分が飛んだら、ナシの実の大きさほどの団子にする。これも何年経っても腐らない。

これらの再現実験を行った平田昌弘氏によると、酪を擬似的な天日として四〇度の恒温器に入れても、表面が乾くばかりで、そもそも乳皮ができなかったという。そのため、乾酪の再現は失敗となった。

一方、漉酪はどうか。酪を二時間ほど吊すと、水分が抜けて三分の一強の重さになる。さらに鍋で加熱して水分を飛ばし、四〇度の恒温器で一九時間乾燥させたところ、表面はひび割れ、照りのある白から黄に変わり、焼いたチーズのような香りを放った。

これを丸め、①半分は常温、②もう半分は四〇度の恒温器に入れて五日ほど静置する。その後、常温で経過観察すると、①は五日後にはカビが生え、②はその後一ヶ月経ってもカビが生えなかった。

『斉民要術』では、団子状にしたあとは腐らないとあるが、実際にはカビが生える。乳加工品の本質たる〝保存性〟に着目する平田氏は、最後の天日乾燥処理についての記述が原典では省略された可能性が高いと述べている。

これを踏まえ、漉酪の正体を探ってみると、成分的にも加工工程的にも、モンゴル牧畜民のホロートやウイグル牧畜民のクルトに類似する〝非熟成型チーズ〟であるとのことである。

酥の作り方

今回は、醍醐に至る鍵となる「酥《そ》」の製法について、これまで同様『斉民要術』の要約を見ていこう。

酥を作るとき、原料となる酪（ヨーグルト）は、甘いものでも、時間が経って酸っぱいものでもよい。

早朝、あらかじめ天日に晒しておいた甕《かめ》に酪を入れ、太陽が西南の角にまわる頃まで天日に晒す。そこから、甕の底に着くように撹拌子（邪魔板付き撹拌機）を上下に動かして撹拌する。しばらく撹拌したら、火傷しない程度の温度の湯を酪の半量ほど甕の中に加える。再び撹拌すると粒子状の酥ができてくるので、先の湯と同量の冷水を加えたら、すぐさま弱めに撹拌する。酥が浮き、表面を覆うようになったら、また同量の冷水を加える。酥が凝集したら撹拌を終える。

できた酥をすくって冷水の入った盆に移すと、酥だけ分離して浮き上がる。これを繰り返し、甕の酥を全て移すが、甕に残った酪漿《らくしょう》は、冷えた飯や粥に混ぜて食べるとよい。浮いた酥は、冷えると固まるので、水気を搾ったのち団子状にして銅器に貯える。十分な量がそろったら、全部を鍋に入れ、とろ火で加熱し、音が立たなくなるまで水分を飛ばしたら作業終了。

ここまでが酥の作り方であるが、さらにこれとは別の方法も記述されている。生乳を加熱してできた皮膜や酪の上面にできた黄色の乳皮を甕に入れる。これを攪拌子で入念に攪拌し、湯を加えてさらに攪拌、最後に冷水を加える。こうしてできた酥を団子状にし、前述の方法と同様に水分を飛ばして完成。

では、これらを元に再現実験を行った平田氏の見解はどうか。

前者の作り方では、酪の攪拌（チャーニング）を三時間程度行い、後の工程で浮いてきたバター様の粒子を集めて火にかけたところ、メープルシロップに似た香りの黄色透明な液ができた。

一方、後者の生乳の皮膜や酪の乳皮を原料とした方法でも最終的に同様のものが生じたが、中途に生成された団子状の酥は成分的に「バター」、またそこから水分を飛ばした黄色透明な酥は「バターオイル」と同定され、酥には二つの形態があることが確認された。

熟酥の作り方と醍醐の正体

これまで、『斉民要術』の記述を元にした再現実験を取り上げ、生乳から作られる「酪」「乾酪」「漉酪」「酥」について迫ってきた。

その中で、酪はヨーグルト、乾酪は不明、漉酪は非熟成型チーズ、酥はバターとバターオイルの二形態であるとの結論が出た。

だが、先に引用した初期仏教経典『阿含経《あごんきょう》』に記載の「乳→酪→生酥→熟酥→醍醐」に関しては、まだ謎が残っている。

実を言うと、紀元前一二〇〇年~前五〇〇年頃に成立したバラモン教（現在のヒンドゥー教）の聖典・ヴェーダに、dadhi（酪）、navanīta（生酥）、sarpiṣ（熟酥）の記述があり、『阿含経』よりも歴史を遡ることができる。

平田氏は、このヴェーダや五世紀頃にスリランカでまとめられたパーリ仏典といった、『斉民要術』よりも古い文献を元に再現実験を行っている。ただ、製法情報は極めて断片的で、再現の難易度は高い。

そこで、インド北部からスリランカを含む南アジアの自然環境を加味して再現を試みた結果、酪はヨーグルト、生酥はバターであると判明した。

ところが、熟酥に関しては「生酥から作られる」としか書かれておらず、ほとんど手掛かりがない。あるとすれば、「祭火によって清められた生酥」との記述から、どうも「火」を使った工程らしいということぐらいである。

というわけで、生酥（バター）を火にかけると、溶解して液状になり、さらに加熱するとブツブツと音を立てながら煙を立て、茶色く焦げた凝固物が沈殿してくる。これはまさにバターオイルで、『斉民要術』にある酥の二形態と、生酥と熟酥は同じものであると分かる。

では、最後に「熟酥から作られる」としか伝わらない sarpirmaṇḍa（醍醐）について。農学者・有賀秀子氏によれば、固形のバターオイルから可能な加工は、液状のバターオイルしか有りえないとのこと。

確かに、室温が二二〜二五度になると、油状の液体が溶離する。成分的には「低級脂肪酸と不飽和脂肪酸を多く含有する、液化しやすいバターオイル」であり、これこそが〝醍醐〟の正体なのである。

ちなみに、醍醐のサンスクリット語 sarpirmaṇḍa は、sarpis と maṇḍa からなる語句であり、辞書的な意味では、sarpis は「液状または固形の精製したバター：バターオイル」、また maṇḍa は「ミルクや生クリームの濃厚な部分」となる。つまり、sarpirmaṇḍa は「バターオイルの濃厚な部分」となるので、先ほどの結論とも矛盾しないという結果となった。

（1）田中静一／小島麗逸／太田泰弘『斉民要術　現存する最古の料理書』雄山閣、二〇一七、四四―四五頁

十五　牛乳と仏教（下）

古代日本に存在した乳加工品「蘇《そ》」

醍醐の正体にようやく辿り着いたが、まだ解明しておかなければならないことが残っている。それは、古代日本で作られていた乳加工品「蘇」についてである。

蘇は「蘇」とも称され、これまで述べてきた「酥《そ》」と同じ読みから、何らかの関連を感じるが、〝蘇〟は日本の文献にしか見られない。そこで、延長五年（九二七）の文献『延喜式《えんぎしき》』を見ると、「作蘇之法。乳大一斗煎得。蘇大一升。（生乳を大一斗煮詰めれば、蘇が大一升得られる）」と、その製法が記されている。

大一斗は約七・二リットル、大一升は約〇・七二リットルなので、蘇は生乳の一〇分の一の容量ということになる。

これに関しては多くの農学者が再現実験を行っているが、記述通りに加熱濃縮しても一〇分の一にはならない。

というのも、生乳の固形分は約一二パーセントなので、それ以下の容量にはなりえないことから、『延喜式』の記述はあくまでも目安に過ぎないということになる。

では、実際に生乳をひたすら煮ていくとどうなるか。出来上がったものを見ると、茶褐色の固形物である。

再現実験を行った斎藤瑠美子氏によると、加熱の工程のみでは濃縮率を一四パーセントにするのが限界だったが、そこまで水分を飛ばせば、一ヶ月放置してもカビが生えることはなかったという。

また、この研究では、様々な濃縮率の乳で対照実験を行っており、濃縮率を一六パーセントに留めたものはカビが生えてしまったというから、ほんの二パーセントの違いにもかかわらずシビアな話である。

ところで、この長期保存がきくという特性は、蘇にとって極めて重要なポイントとなる。

平安時代の寛弘五年（一〇〇八）頃に成立の『政事要略』巻二八「年中行事十二月上」によれば、飛鳥時代の文武天皇四年（七〇〇）以降、各地から大和朝廷へ蘇が貢納されたという。

そう、蘇は租《そ》でもあったのだ。だが、朝廷の勢力範囲は北関東から北九州辺りまでと広く、運搬期間も長いので、腐敗の起こらない濃縮率一四パーセントの蘊である必要があった。

因みに、こうして運ばれた蘊は、多くの貴族を悩ませていたミネラルやビタミン不足による脚気《かっけ》や瘡瘍《そうよう》（皮膚病）の治癒に効果を発揮した。

そして、仏教との関わりについて述べておくと、唐招提寺を開いた鑑真《がんじん》和上《わじょう》が「牛蘇一百八十斤」を所持していた記録が『唐大《とうだい》和《わ》上《じょう》東征伝《とうせいでん》』に残っていることに始まり、仏教儀礼の際の供物や他者への贈答品などとして使用されていた。

また鎌倉時代の真言密教僧・覚禅《かくぜん》が建保五年（一二一七）頃に記した真言宗の諸経法、諸尊法、灌頂《かんじょう》などの作法に関する研究書『覚禅抄《かくぜんしょう》』によれば、蘇が様々な修法に用いられていたようである。

仏教者の作った乳加工品「カルピス」

山川徹著『カルピスをつくった男・三島海雲』を読むまで、仏教とカルピスに関係があることなど、露ほども知らなかった。

三島は、明治一一年（一八七八）、大阪の水稲山教学寺（浄土真宗本願寺派）に長男として生を受ける。前年には西南戦争が勃発し、日本が封建社会から近代社会へとシフトしていく時代だ。

青年期の三島は、西本願寺が設立した龍谷大学の前身「文学寮」で学び、そこで社会改良運動「反省会」に参加している。この会の機関誌は、後に本邦初の総合雑誌『中央公論』となった。

文学寮を卒業したあと、英語教師の職に就いたが、日清戦争後の中国に渡り、日本語教師、商社の起業と職を転々とする。そして、日露戦争の勃発時、三島の商社に陸軍から軍馬の調達を依頼される。そこで目をつけたのが、内モンゴルであった。

こうして内モンゴルと縁のできた三島は、遊牧文化の象徴である乳加工品の数々と出会うが、中でも「ジョウヒ（ジョッヘ）」は、彼のその後の人生を左右することになる。

ジョウヒとは、搾った生乳を静置すると分離してくるクリームのことで、内モンゴルの環境ではその過程で乳酸発酵が進み、自然とサワークリームへと変化する。

三島は、自身の痩身、不眠症や頭の重さを嘘のように回復させたことで、このジョウヒの効能に驚き、日本で広めれば国民の健康増進に一役買えると思いついた。

そして、ジョウヒを参考に最初に開発した乳酸発酵クリームを「醍醐味《だいごみ》」、また、これを作る過程で出た副産物の脱脂乳をどうにか使えないかと思案し、乳酸発酵させたものを「醍醐素」と名付けて販売した。

どちらも内モンゴルに存在しない〝醍醐（最上の味）〟から命名するセンス。三島が仏教者だからこその発想であろうし、同時に商品への自信も窺える。

さらにその後、新商品の開発をしている際、脱脂乳に砂糖を加えて一〜二日置いてみると意外にも美味しくなった。これが、カルピス誕生のキッカケとなった出来事だ。

そこで商品名の命名の問題となるが、三島は当初「カルピル」にしようと考えていた。当時日本で注目され始めた「カルシウム」と、醍醐のサンスクリット語「sarpirmaṇḍa（サルピルマンダ）」を切り貼りした結果だ。しかし、どうにも語感がよくないということで、色々口ずさんでいく中で「カルピス」がよいかもしれないと直感した。

このあと、三島は童謡「赤とんぼ」を手がけた作曲家の山田耕筰《やまだこうさく》に相談し、「カルピスの響きが良い。音声学的に見てもよい」とお墨付きをもらっている。また、浄土宗の僧侶でサンスクリット語の権威である渡辺海旭《わたなべかいきょく》にも相談し、言語学的にも問題ないと、これまた太鼓判をもらっている。

インターネットなど巷の情報では、カルピスの語源は、「カルシウム」と熟酥《じゅくそ》のサンスクリット語「sarpis（サルピス）」からきていると書かれているが、これは絶妙な間違いである。

あくまでも、醍醐のサンスクリット語 sarpirmaṇḍa（サルピルマンダ）は、sarpis（サルピス：熟酥）と maṇḍa（マンダ：濃厚な部分）が組み合わさってできた語句である。

そして、これまでに「醍醐味」「醍醐素」と、この上ない商品名をつけてきた歴史を持ち、日本一主義を標榜して、相談相手もその筋で日本一の人物、目標も日本一になることと、何でも一番が好きだった三島が、次点となる「熟酥（サルピス）」から命名するとは考えられない。ゆえに、カルピスは、サルピス（熟酥）と直接関係するのではなく、サルピルマンダ（醍醐）に含まれるサルピス（熟酥）の語音を語源と考えるが自然である。

こうして、「醍醐素」の三年後の一九一九年にカルピスは販売された。令和元年は、カルピス生誕一〇〇年の節目。一〇〇年間飲み続けられる商品を生んだ「三島海雲」という仏教者に、興味は尽きない。

「醍醐天皇」と「後醍醐天皇」

ここまで散々乳加工品の醍醐にまつわる話をしてきたが、〝醍醐〟と聞いて、多くの方が真っ先に思い浮かべるのは、「醍醐天皇」と「後醍醐天皇」であろう。

これらの名前は、死後に贈られる追号で、平安前期の醍醐天皇の場合は、生前に自らの祈願寺とした京都醍醐寺（真言宗醍醐派総本山）の近くに御陵が建造されたことに由来している。

一方、鎌倉末から南北朝初期に活躍した後醍醐天皇の場合は、理想とした醍醐天皇にあやかり、生前から後醍醐と号していたことによる。その背景として、醍醐天皇が「宇多天皇」の皇子であるという事実が先にあって、実の父に「後宇多天皇」の追号が贈られたことから、自分が正統な後継者であると主張する意味で「後醍醐」を名乗ったとされる。

また醍醐寺の名称は、弘法大師空海の孫弟子である理源大師聖宝《しょうぼう》が、最上の教えを象徴する乳加工品「醍醐」から名付けたので、間接的にではあるが、醍醐天皇と後醍醐天皇の醍醐は、やはり乳加工品の醍醐のことと言える。

そしておそらく、醍醐天皇の追号は、醍醐の語に含まれる「最上の」という意味も踏まえて贈られた。これは、天皇の追号選定という一大事において、使用漢字の意味を吟味しない方が不自然なので、二重に意味を持たせたとみてよい。

では、醍醐の名のつく二人の天皇は、牛乳や乳加工品を口にしていただろうか。

平安初期の文献『新撰姓氏録《しんせんしょうじろく》』によると、多くの医薬書を持って呉国から帰化した智聡《ちそう》の息子・善那《ぜんな》が、大化の改新（六四五年）頃、孝徳天皇に牛乳を献上した功績により「和薬使主《やまとのくすしのおみ》」の姓を下賜され、またその子孫は代々酪農を司る「乳長上《ちちのおさのかみ》」に任命されたとある。

それ以降、牛乳は皇族や貴族の間でのみ飲まれるようになり、また、煮詰めて貢納品の蕪にも加工された。いずれにしても、〝滋養薬〟としての扱いである。

武家の時代になると、牛よりも軍馬の生産が盛んになり、安房嶺岡牧場で三頭の白牛を飼った徳川吉宗の登場まで、日本の牛乳文化は廃れてしまう。

となると、平安時代の醍醐天皇は牛乳や乳加工品を口にした可能性は高いが、鎌倉時代の後醍醐天皇は見るのも難しかったであろう。

十六　戒律にみる食事

律にみる薬

釈尊の時代よりインド仏教では、しばしば食べ物を「薬」と表現してきた。仏教典籍は三蔵といって「経蔵（釈尊の教え）」「律蔵（仏教教団のルール）」「論蔵（経・律の解釈）」の三つに分類されるが、その中の律蔵にそれらは詳しく書かれている。

しかし、この仏教教団のルールを記した律は複数あり、それぞれ書かれている内容が異なる。同じインド内でも、いろんな地域・気候・習慣があるので、当然といえば当然なのだが、「薬」に関して、森章司氏の研究を中心に述べていきたい。

まず、最初に取り上げるポイントは、仏教者には食事を許された時間と、そうではない時間があるという点。仏教僧は、夜明けから正午にかけてを「時《じ》」と呼び、この時間帯にのみいわゆる食事を摂ることが許され、この食事を「時薬《じやく》」と呼んだ。一方、それ以外の時間帯である「非時《ひじ》（正午から夜明けまで）」に食事を摂ることは許されなかったが、中には口にしてもよいものもあり、「非時薬《ひじやく》（時分薬《じぶんやく》・夜分薬《やぶんやく》）」「七日薬《なのかやく》」「尽形寿薬《じんぎょうじゅやく》」の薬が規定されている。

夜明けから正午までの食事

まず時薬について。部派仏教の大衆部《だいしゅぶ》で用いられた『摩訶僧祇律《まかそうぎりつ》』によれば、それは「一切の根、一切の穀、一切の肉なり」とある。詳しく見ていくと、五種の正食《しょうじき》と呼ばれるスタンダードな食事「蒲闍尼食《ほにゃにじき》」、よく噛んで食べる必要のある固形物の「佉陀尼食《きゃだにじき》」、それら以外の「似食《じじき》」の三種があり、これらは全て正式な食事として認識されていた。基本的にこれら時薬は、乞食《こつじき》や在家信者からの招待を通じて食すわけだが、インドで仏教が隆盛を誇っていた時代には、調理後の食事を安全に保存する技術などないわけで、食料をもらい受けるタイミングは極めて重要となる。実際、律には午後以降に残した食事を食べてはいけないという規定があり、おそらく食中毒を防ぐことが目的であったと思われる。比較的涼しい午前中に乞食に行くのも、そうした理由によるのであろう。

そして、乞食で受け取るのは在家信者の家庭で出た余り物なので、各家庭が朝の食事を終えた時間帯に、僧院の外に乞食に出かける必要がある。それが大体一〇時半ぐらいからだったと言われている。となると、インドの僧侶はお昼時の一日一食だと思われるかもしれないが、実は夜明けとともに起きてすぐの食事（我々でいう朝食）も食べていた。

律によって色々な定義がなされるが、起床後しばらくして粥や軽い食事を食べたと書かれている。しかし、これらの朝食がどのようにもたらされたかについては触れられていない。可能性としては、在家信者が僧院まで持ってくるか、僧院内で使役された在家の浄人が作っていたかのどちらかであろう。

非時に口にするもの

では次に、しっかりとした食事を禁止された時間帯である非時（午後〜翌朝の夜明けまで）に口にするものを見ていきたい。これには、おおまかに非時薬、七日薬、尽形寿薬の三種がある。

簡単に言うと、「非時薬」は果物のジュースなどの浄《きよ》く漉した飲料。「七日薬」は食べても吐いたり、食欲が沸かず食べ物を受け付けなかったりする病人のみが口にできるもので、口当たりがよく栄養価も高い蜜や乳製品、油（植物性・動物性）など。衛生面から食べ物の保存は基本的に禁止されたが、病気に罹った際に七日以内であれば、これらの蓄えは許された。「尽形寿薬」は古代インドの伝統医学アーユルヴェーダの影響を受けた、病気の時に飲むいわゆる〝薬〟のことを指す。

一方で、「噛食《しゃくじき》（佉陀尼食）」と「噉食《たんじき》（蒲闍尼食）」を食べてはならないと規定されており、噛食は「〈五種の正食、時分薬、七日薬、尽形寿薬〉を除く硬い食べ物」、噉食は「五種の正食、すなわち飯、麨《しょう》（煎り麦を挽いた粉）、糒《び》（乾飯。道明寺粉のようなもの）、魚、肉」とされる。

つまり、通常は午後からは非時薬のみ口にできるということで、病人以外は固形のものを食べることが許されなかった。それゆえ、ジュースのもととなる果物そのものは噛食（佉陀尼食）ゆえ、わざわざ絞って液状にする必要があったのである。ここまで、固形のものが許されなかったのは、時薬が在家信者からの布施であったことと関係しており、仮に一日に何度も乞食に行くと、在家信者の負担になる可能性が高いことから、非時には町や村には入らず、僧院内や僧院の近くの園林などで瞑想をしたという。それに、時薬を午後にも許すとなると、随時の乞食を許すことと同義となり、一切の生産活動が禁止され、その分瞑想修行を第一義とする僧侶にとっては、本分と離れた時間を過ごすことになる本末転倒な状況になるので、固形のもの一切の摂取を禁止してしまったのであろう。

ちなみに、遠く離れた日本の禅宗ではインド仏教の戒律がそのまま活用されることはなく、中国で成立した梵網経（大乗菩薩戒）や中国禅林で成立した清規《しんぎ》（禅宗寺院独自の律）が取り入れられた。というのも、もともと聖者に布施をする文化のあったインドと違い、中国では自給自足なしに僧院にいる僧侶たちを食べさせていくことができないという事情があり、日本も同様の問題を抱えていた。にもかかわらず、日本の臨済宗・曹洞宗のどちらの禅道場において、一年を通じて基本的に朝食は粥であり、こうした伝統的なインド律の片鱗を現在も見て取れる。

複数回の食事

先にも述べたように、早朝には、あれば粥や軽食を食べ、一〇時半頃から乞食に行き、正午までに食事を済ませる。正餐《せいさん》としてはやはり乞食が基本となるが、在家の支援者に食事を招待されたり、僧院で食事を作ってもらったりすることもあった。

このように、時薬として二度の食事が実行されていたわけであるが、律には「数々食」を禁止する記述が見られる。数々食とは、「五種正食中の一食をもって請ぜられ、これをさしおいて他の五種正食の一食を取ること」と定義される。これを見ると、何度も食事を摂ることを禁止しているように見えるが、そうではない。これは、支援者から招待を受けて食事を頂いた場合、その食事を持ち帰って食べたり、他家で再度招待を受けて食事をしたりしてはいけないという規定である。これらの行為は、接待の不十分さを施主に感じさせることにもなりかねず、失礼にあたると考えられたことから禁止された。

こうして数々食は招待食であるがゆえに禁止されたが、一方で「残食」であれば再び食べてもよいとされた。残食とは、乞食で持ち帰った食べ物を持ち上げ、「わたしは十分に満足したので、これ以上はいらぬ」と宣言されたものや、病人が食べなかった食事であり、これらは他の僧たちに分配され食べられた。

乞食《こつじき》の作法

「乞食」について、小林崇仁氏は「そもそも古代インドにおいて、『乞食』はバラモンの生活と密接に関わっていた。つまり彼らは、人生を学生期・家長期・林住期・遊行期の四住期に分け、最後の遊行期において、各地を遍歴して乞食し、解脱を求めるという余生を送った。これに対して釈尊は、四住期を全うする義務を捨て、若くして出家し、乞食を基本とする遊行生活を選んだ。釈尊の弟子たちもこれに習い、その基本的な生活法は、『頭陀行《ずだぎょう》』として次第に体系づけられた」と述べている。(1) 頭陀とは、衣食住に対する欲望を払いのける修行のことであり、糞掃衣《ふんぞうえ》（汚れ果てたボロ布・死者を包んでいた布で作った三つの衣）のみの着用や、乞食による一日一食、人里離れた樹下や墓地といった寂しい場所に住む、といった厳しい生活スタイルを指す。しかし、徐々に弟子の人数が増え、サンガを形成するようになると、仏教教団としては頭陀行を捨てざるをえなかった。釈尊の十大弟子の一人、摩訶迦葉《まかかしょう》（マハーカッサパ）は、そんな状況でも頭陀行を全うし、頭陀第一と称される。

この乞食による食事は正餐とされ、これにも細かい規定が存在する。『パーリ律』では、およそ次のようにある。

弟子は和尚（教えを請う師）が乞食のため村に入ろうとしたら、内衣（腰から下を覆う、ひだの多い衣服）を渡し、代わりに着ていた物を受け取り、帯を渡し、僧伽梨《そうぎゃり》（体全体を覆う重衣・大衣）をたたんで渡し、鉢を洗って水を入れて渡す。和尚が随従を求めたら、弟子は三輪を覆い、内衣を着、帯を結び、たたんだ僧伽梨をまとい、紐を結び、鉢を洗って持ち、随従沙門となる。和尚との距離は近すぎず遠すぎず、鉢に入ったものをとる。

乞食より戻ってきたら、弟子は和尚を迎えるため、坐具、洗足水、足台、足布を用意する。鉢と僧伽梨を受け取り、代わりにもとの着物を渡し、内衣を受け取る。この時、衣が汗で湿っていたらしばらく熱いところで干す。乾いたらそのまま放置せず、取り込み、たたむ。持ち帰ったものを和尚が食す際には、水と食事を手渡す。

和尚が食べ終えたら水を渡し、鉢を受け取って洗い、熱いところで乾かしてから衣鉢を収める。鉢は床の下に、衣は衣掛けにつるすかたたんで収め、いずれも露地には置かない。和尚が席を立った際には、坐具を取り、洗足水、足台、足布を片付け、掃除をする。これらを弟子のみで行う時には、和尚が準備を行う。

この他、各部派で採用された律には、それぞれ乞食の作法が規定されている。紙幅の関係上、併記することはできないが、衣鉢を準備し、乞食から返ってきたら足を洗い、食事を摂り、片付けと洗濯をするという流れは、総じて共通する。

接待を受ける

乞食は基本的に一人か、随行の弟子を連れた二人かで行われるものであったが、律には、在家の施食を四人以上の比丘で受けることは許されないという規定もある。事前に在家者より食事の接待の申し出がある場合もあるが、乞食中に突然招待されるケースもあるため、現在の東南アジアで見られるように、僧侶の集団が一列になって乞食を行うようなことはなかったと考えられる。

さて、一般的な招待の際には、施主はあらかじめサンガにやって来て、仏法僧の三宝に礼拝し、僧衆に斎会《さいえ》に来てもらうように請う。そして、斎会当日になると、再び施主がサンガに足を運び、「食事のお時間になりました」と声をかける。

僧衆は施主の家に赴き、両手で鉢を持って丁重に水を受け、鉢を洗い、その水を受水器に流し、食事を受ける準備をする。両手で鉢を持ち、スープの余地をつくって飯を受ける。過剰に盛ってはならないし、更に得ようとしてはならない。この時、酥《そ》や油などの特別なご馳走が振る舞われたら、長老は「平等に分けるように」と言う。スープは鉢から溢れないように受け、全員の配給がととのってから食べ始める。一心に順に食し、他人の鉢の中を覗いてはならないといった具合に、招待を受けた際の作法も決まっていた。また、僧院の食堂で供応された時には、最長老と随長老の四、五人が施主に感謝の言葉を説いたという。

ちなみに、真言宗の一部の宗派では、施主の言う「食事のお時間になりました」は浄人の言う「三鉢羅佉哆《さんぱらきゃた》」、また長老（上座）がそれに応えて述べる「平等に分けるように」は「平等《びょうどう》行食《ぎょうじき》」という形で、加行《けぎょう》（修行）道場の食事作法の中に組み込まれている。

ところで、余談ではあるが、この時代のスープは現在の辛いインドカレーとは別物である。唐辛子は中南米原産で、インドにもたらされたのは一六世紀と言われているので、唐辛子の辛味とは異なった胡椒などのスパイシーなスープであったのであろう。

このように、僧の食事は、乞食を基本としながらも、乞食時の施主家での招待、事前連絡のある施主家での招待や僧院での供応など、いくつかパターンが見られる。乞食の途中で招待を受ける者もいるため、乞食で得た食事を僧院に持ち帰って全員で等しく分配したとは考えにくく、僧院に戻って来た者から順に食事を摂っていたとするのが妥当であろう。

（1）小林崇仁「日本古代における山林修行の資糧（一）——乞食・蔬食」『蓮花寺佛教研究所紀要』三号、二〇一〇、一九—二〇頁

律にみる薬の分類表

時間帯	4種の薬	分類	詳細（各項目は律によって相違あり）	主な律・律疏	備考
時 〈夜明け～正午〉	時薬／時食 〈正餐〉	蒲闍尼食《ほじゃにじき》 （蒲繕尼食） （噉食・軟食） 「正食」とも 身体を養うに相応しい主食	飯	四分律：正食「飯、麨（糗）、乾飯、魚、肉」 五分律：五首食「飯、乾飯、餅糗、魚、肉」 十誦律：五種蒲闍尼食「飯、麨、糒、魚、肉」 根本説一切有部毘奈耶（漢）：五種蒲闍尼食「飯、麦豆飯（麦や豆の飯）、麨、肉、餅（小麦粉の蒸しパンのようなもの）」 根本説一切有部毘奈耶雑事（漢）：五種蒲闍尼食「麨・飯・麦豆飯・魚肉・餅」 摩訶僧祇律：正食「麨飯、麥(麦)、飯、魚、肉」	蒲闍尼食は、パーリ語で「ボージャニヤ」(bhojaniya) で、穀類と肉、魚を原料とした料理で、主食や主菜にあたる。 佉陀尼食はパーリ語で「カーダニヤ」(khādaniya) で、野菜や果物であり、副菜にあたる。 「摩訶僧祇律」によると、時薬とは一切根、一切穀、一切肉のこと。 ・根は、治毒草根、藕根、樓根、芋根、蘿蔔根、葱根。 ・穀は、稲、赤稲、小麥、麥、小豆、胡豆、大豆、豌豆、粟、黍、麻子、薑句、闍致、波薩陀、莠子、脂那句、倶陀婆。 ・肉は魚や亀などの水中動物と、四足、無足、多足の陸上動物。
			麨（しょう：むぎこがし／はったい粉。煎って粉にした米や大麦に、水か乳を加えてかき混ぜたもの）・餅糗・糗		
			糒（び：乾飯／道明寺粉のようなもの）		
			魚		
			肉		
		佉陀尼食《きゃだにじき》 （珂但尼食） （嚼食・堅食・助食） 四分律と摩訶僧祇律では、「不正食・非正食」	根	四分律 五分律 十誦律 摩訶僧祇律 根本説一切有部毘奈耶（漢）	
			茎		
			葉		
			磨（米、糠、大麦、小麦、稷、豆、稗などの穀物を挽いたもの） ※ 四分律では磨の代わりに「乾飯」。説一切有部毘奈耶雑事では、磨の代わりに「花」。		
			果（果実）		
		（似食・軟食） 主食に近い食べ物	糜（び：粥）	十誦律 四分律刪繁補闕行事鈔	
			粟		
			穬麦（こうばく：大麦）		
			莠子（ゆうし：はぐさ／水稗）		
			迦師飯（砕いた麦）		
非時 〈正午～夜明け〉 病人であっても、非時の投薬の際には、人目のないところで与える必要がある。	非時薬（時分薬・夜分薬） ／非時食 果物のジュースなどの浄く漉した漿汁（飲料） 【保管期間】入手翌日の日の出前まで	八種漿	周梨漿（周羅・昭梨：マンゴー）・茂梨漿（牟羅・莫梨・牟梨：バナナ）・拘樓漿（倶羅・拘羅・拘梨多：ココヤシ or 種ありバナナ）・捨樓漿（舍梨：レンコン）・説波多漿（舍多・阿説陀漿：インドボダイジュ）・頗留沙漿（頗樓沙・波流沙：インドウオトリギ？）・梨漿（ナシ）・蒲萄漿（ブドウ）	十誦律	
			梨漿（ナシ）・閻浮果漿（閻浮：ジャンボラン・ムラサキフトモモ）・酸棗漿（サンザシ）・甘蔗漿（サトウキビ）・微果漿（？）・捨樓迦漿（レンコン）・波樓師漿（マンゴー）・葡萄漿（ブドウ）	四分律	

非時〈正午～夜明け〉 病人であっても、非時の投薬の際には、人目のないところで与える必要がある。	非時薬（時分薬・夜分薬）／非時食 果物のジュースなどの浄く漉した漿汁（飲料） 【保管期間】入手翌日の日の出前まで	八種漿	菴婆羅菓漿（マンゴー）・閻婆菓漿（ジャンボラン・ムラサキフトモモ）・周陀漿（？）・波樓漿（インドウオトリギ？）・蒲桃漿（ブドウ）・倶羅漿（ココヤシ or 種ありバナナ）・甘蔗漿（サトウキビ）・蜜漿（ハチミツ）	五分律	
			招者漿（顛咀梨：梅に似た味／ココヤシ or 種ありバナナ）・毛者漿（バナナ）・孤洛迦漿（ナツメ）・阿説他果（インドボダイジュ）・烏曇跋羅（ウドンゲノキ：フサナリイチジク）・鉢魯灑（エビヅル：山葡萄に似る or インドウオトリギ？）・蔑栗墜漿（ブドウ）・渇樹羅漿（サトウナツメヤシ）	根本説一切有部毘奈耶薬事（漢）	
		十四種漿	菴羅漿（マンゴー）、拘梨漿（ココヤシ or 種ありバナナ）、安石榴漿（ザクロ）、巓哆梨漿、蒲桃漿（ブドウ）、波樓沙漿（インドウオトリギ？）、楗楗漿、芭蕉漿（バナナ）、罽伽提漿、劫頗羅漿、婆籠渠漿、甘蔗漿（サトウキビ）、呵梨陀漿、呿波梨漿（サポジラ）	摩訶僧祇律	
	七日薬 病人の僧が七日間に限り貯えることのできる食物（栄養剤）	奢耶尼食《しゃやにじき》	酥（熟酥：牛、水牛、羖羊、羺羊、駱駝の乳から生成したバターオイル）	彌沙塞部和醯五分律 彌沙塞羯磨本 摩訶僧祇律 四分律 十誦律 （ほか多数）	〈具足戒「三十捨堕法」二十六〉 薬（七日薬）は七日間のみ所持し、非時にも食すことができる。
			油（胡麻油、蕪菁油、黄藍油、阿陀斯油、蓖麻油、比樓油、比周縵陀油、迦蘭遮油、差羅油、阿提目多油、縵頭油、大麻油などの植物油）		
			蜜（蜂蜜：軍茶蜜、布底蜜、黄蜂蜜、黒蜂蜜）		
			石蜜（砂糖）槃拕蜜、那羅蜜、縵闍蜜、摩訶毘梨蜜		
			生酥（牛、羊などから生成したバター）		
		五種脂	熊脂（クマ or ヒグマ）	四分律 摩訶僧祇律 根本説一切有部毘奈耶薬事（漢） 根本説一切有部律薬事（チベット）	「摩訶僧祇律」では、酥・油・蜜・石蜜・生酥に五種脂（魚脂・熊脂・羆（ヒグマ）脂・猪脂・失修摩羅脂）を加えて「十種薬」とする。 「根本説一切有部毘奈耶薬事」（漢）では、「魚脂・江㹠脂（カワイルカ）・鮫魚脂（ワニ）・熊脂・猪脂」
			魚脂		
			驢脂（ロバ）		
			猪脂（ブタ）		
			摩竭魚脂（マカラ：サメ or ワニ or イルカ）		

非時 〈正午～夜明け〉 病人であっても、非時の投薬の際には、人目のないところで与える必要がある。	尽形薬／尽形寿薬／尽寿薬 （終身薬） 病人の僧が一生貯えることのできるいわゆる薬（薬効が期待されるもの）で、強壮剤や健胃剤の類	五種根薬	香附子（ナガルモタ）	根本説一切有部毘奈耶薬事（漢） 根本説一切有部律薬事（チベット）	また、根薬に属するもので食用にならないものも含む 「十誦律」では「舍利（？）・薑（生姜）・赤附子（トリカブト）・波提毘沙（？）・菖蒲根」
			菖蒲		
			黄薑（鬱金：ターメリック）		
			薑（生姜）		
			白附子（トリカブト：鎮痛・強心剤）		
		五種茎薬	栴檀香薬（ビャクダン）	根本説一切有部毘奈耶薬事（漢）	また、茎薬に属するもので食用にならないものも含む 「根本説一切有部律薬事（チベット）」では、これに加え「ダールハリドラー」
			葛栢木（チャヴィカー）		
			天木香（パドマカ）		
			不死藤（デーヴァダール）		
			小栢（グドゥーチー）		
		五種葉薬	パトーラの葉	根本説一切有部律薬事（チベット）	また、葉薬に属するもので食用にならないものも含む 「根本説一切有部毘奈耶薬事」（漢）では、「酸苿婆奢迦葉（ヴァーシャカ）・紝婆（ニンバ）・高奢得枳（コーシャータキー）の三葉」
			ヴァーシャカの葉		
			ニンバ（インドセンダン）の葉		
			コーシャータキーの葉		
			サプタパルナの葉		
		五種花薬	ヴァーシャカの花	根本説一切有部律薬事（チベット）	また、花薬に属するもので食用にならないものも含む 「根本説一切有部毘奈耶薬事」（漢）では、「婆舍迦花（ヴァーシャカ）・紝婆花（ニンバ）・陀得雞花（ダータキー）・龍花・蓮花」
			ニンバの花		
			ダータキーの花		
			シャカの花		
			蓮の花糸		
		五種果薬 （主に風邪薬）	呵梨勒果（訶黎勒果：ミロバラン）	四分律 十誦律 十誦羯磨比丘要用 根本説一切有部毘奈耶薬事（漢） 根本説一切有部律薬事（チベット）	風薬・蘇毘羅(suvira)の作 り方。阿摩勒果、訶梨勒果、毘醯勒果の煎汁に7穀および一切の果、葉、魚、肉、蜜、, 砂糖をいれて和合し、3～4年密封して蜜色となったものを濾過して服用する（摩訶僧祇律巻29・毘尼母経巻3） また、これらの果実は、鉄と和合して袈裟の染料にも用いられる。
			阿摩勒果（菴摩勒果：アンマロク）		
			鞞醯勒果（鞞醯得枳果：セイタカミロバラン）		
			胡椒		
			蓽茇羅（蓽茇・蓽芺羅・畢鉢羅）		

非時 〈正午〜夜明け〉 病人であっても、非時の投薬の際には、人目のないところで与える必要がある。	尽形薬／尽形寿薬／尽寿薬 （終身薬） 病人の僧が一生貯えることのできるいわゆる薬（薬効が期待されるもの）で、強壮剤や健胃剤の類	五種樹膠薬 （樹脂）	興渠（阿魏：五葷の１つ。アサフェティダの樹脂でヒーング）	十誦律 十誦羯磨比丘要用 根本説一切有部毘奈耶薬事（漢） 根本説一切有部律薬事（チベット）	また、それら以外の諸々の木の樹脂
			薩闍羅薩諦（烏糠：サーラ樹の樹脂）		
			掖諦（紫礦：ラックカイガラムシの分泌する樹脂様物質）		
			掖提諦（黄蝋：蜜蜂の巣から生成した蜜蝋）		
			掖婆那（安悉香：アンソクコウノキの樹脂）		
		五種灰 （疥癬の薬）	麫麥灰（大麦の灰）	根本説一切有部毘奈耶薬事（漢） 根本説一切有部律薬事（チベット）	
			油麻灰（胡麻の灰）		
			麫麥麩灰（大麦殻の灰）		
			牛膝草灰（？）		
			婆奢樹葉灰（ヴァーサカーの木の灰）		
		五種塩	黒塩（シンドゥ産の塩）	四分律 十誦律 十誦羯磨比丘要用 根本説一切有部毘奈耶薬事（漢） 根本説一切有部律薬事（チベット）	「四分律」には「青塩・黒塩・毘荼塩・嵐婆塩・支都毘塩」と「土塩・灰塩・赤塩・石塩・海塩」の二説あり。
			白塩（白石塩：スヴァルチャラ産の岩塩）		
			紫塩（ルマー産の塩：ネパールのヒマラヤ産出の紫岩塩か？）		
			赤塩（褐色の塩：パキスタンのヒマラヤ産出のピンクソルトか？）		
			鹵土塩（塩田の塩・海塩）		
		五種渋薬 （木の皮や葉）	阿摩羅木（アームラの木）	根本説一切有部毘奈耶薬事（漢） 根本説一切有部律薬事（チベット）	
			楝木（ニンバ〈インドセンダン〉の木）		
			瞻部木（ジャンブーの木）		
			尸利沙木（シリーシャの木）		
			高苫薄迦木（コーシャンバカの木）		
		五種湯	根湯	十誦律 十誦羯磨比丘要用	
			茎湯		
			葉湯		
			花湯		
			果湯		

十七　インドと中国の僧食（上）——作法

律と僧食

ここまで、日本の僧食／精進料理の在り方について述べてきたが、では、鎌倉時代（中国は南宋時代）の道元禅師に到るまでのインドや中国の僧食とはどのようなものだったのか。

部派仏教では、釈尊以来の僧団内規則「律」に則った生活を送るため、各部派が採用する律蔵に規定の食事法が僧食の根拠となる。

一般的に、『四分律《しぶんりつ》』『十誦律《じゅうじゅりつ》』『五分律《ごぶんりつ》』『摩訶僧祇律《まかそうぎりつ》』の四つの漢訳律典を合わせて「四大広律」と呼び、これに『根本説一切有部毘奈耶《こんぽんせついっさいうぶびなや》』を加えて「五大広律《ごだいこうりつ》」と呼ぶ。広律とは、二五〇戒の条文への註釈やサンガ運営に関する羯磨《こんま》などについて、詳しい説明を含んだものを指す。

・『四分律』漢訳は四一〇〜四一二年
（化地部《けじぶ》から分派した法蔵部《ほうぞうぶ》の律。これを元に南山律宗の祖道宣《どうせん》が大乗仏教の立場から注釈書を記すと、それが中国で一般的に用いられるようになった。義浄の時代もそうで、道宣の曽孫弟子の鑑真和上によって日本に伝来した最初の律）

・『十誦律』漢訳は四〇四〜四〇九年
（説一切有部《せついっさいうぶ》の律。中国に最初に伝来した。義浄《ぎじょう》の時代、長江の南から現在の広東《かんとん》省、広西《こうせい》省あたりにかけて、この律が広まっていた）

・『五分律』漢訳は四二二〜四二三年
（部派仏教の上座部《じょうざぶ》系統から分派した化地部の律。漢訳の『弥沙塞部和醯五分律《みしゃそくぶわけいごぶんりつ》』は、『摩訶僧祇律』とともに原典に基づく完本と考えられる）

・『根本説一切有部毘奈耶』漢訳は六九五〜七一三年
（説一切有部から分派した根本《こんぽん》説一切有部の律。毘奈耶とは律のこと。内容は『十誦律』に近く、教訓譚が随所に挿入される。のちにチベット仏教で用いられる。漢訳は義浄が行い、少し欠けがある。
チベット訳の『根本説一切有部律』は完本で、サンスクリットの原本は断片的に存在する）

・『摩訶僧祇律』漢訳は四一六～四一八年
（大衆部《だいしゅぶ》の律。漢訳のものは、五分律とともに原典に基づく完本と考えられ、四波羅夷法《しはらいほう》について詳細が明記。義浄の時代、現在の陝西省《せんせい》あたりではこの律が、四分律とともに古くから広まっていた）

・『パーリ律』
（スリランカの赤銅鍱部《せきどうちょうぶ》の律。スリランカ、タイ、ラオス、ミャンマー、カンボジア等の上座部仏教圏で用いられる）

さて、これらの律に基づいたインド仏教の食事法を知るには、七世紀唐代の僧、義浄の記した『南海寄帰内法伝《なんかいききないほうでん》』が参考になる。彼は、インドネシアのシュリーヴィジャヤ、マラーユ、またマレーシアのケーダを経由してインドに至り、世界最大の仏教大学であるナーランダー大僧院で勉学に励む一方で、主要な仏跡巡礼の旅にも赴いた。唐を離れていた期間は六七一～六九四年と長く、滞在した現地の僧たちの生活が律蔵に則った厳格なものであることに驚き、律があまり顧みられない中国仏教の現状を痛烈に批判している。その方法として、インド仏教の優れた点と中国仏教の問題点について、詳細且つ具体的に比較しながら記述しているため、七世紀のインド仏教と中国仏教双方の僧侶生活の実態を窺い知ることができる。

義浄の認識するインド仏教は、「大衆部」「上座部」「根本説一切有部」「正量部《しょうりょうぶ》」の部派仏教四派が有力で、彼よりも約四〇年前に入竺し、同じくナーランダー大僧院で学んだ玄奘《げんじょう》の報告する宗教勢力としての「大乗仏教」は、不思議なことに見当たらない。

現代語訳を行った宮林昭彦氏と加藤栄司氏によると、義浄にとって教団として認識される宗教勢力とは、仏教の経・律・論の三蔵がそろったものを指し[1]、大乗仏教は部派仏教内の特定の〝学派グループ〟と見なされ、部派と大乗の対立構造は想定されていない。つまり、律の保持は共通として「菩薩《ぼさつ》への礼拝」と「大乗経の読誦」をするものが大乗仏教で、しないものが部派仏教という構図となり、大乗仏教独自の律蔵が存在しないことの根拠になっているという。

もちろんこれは仮説である。もしかすると、「大乗仏教だからといって、部派仏教の律の実践を中国仏教が軽んずることは許されない」と考えた義浄の思惑が入っていたやもしれないが、報告どおり部派と大乗が同じ教団内で同じ律を用いていたのであれば、〝律〟を見れば、双方の〝僧食〟の在り方も分かるという寸法となる。

平川彰氏は『仏典解題事典』の中で、「律蔵は仏陀制定の戒律に由来するから、いずれの部派の律蔵もその骨子はほぼ同じであるが、細部においては不一致がある」[2]と述べており、義浄もまた、説一切有部の『十誦律』とそこから分派した根本説一切有部の『根本説一切有部毘奈耶』は大体同じ内容ではあるものの、同一ではないとしている。『十誦律』にはインドではなく周辺国で行われる内容が入っていることから、インドを重視する義浄は、『根本説一切有部毘奈耶』をもって本場インドの律とし、その立場から『南海寄帰内法伝』を記している。

というわけで、この書の僧食に関する部分を見ていきたいが、紙幅の関係で【インド】【中国】それぞれについて大胆な要約を行い、続いて日本の曹洞禅の在り方を中心に【補足】を追記した。全文を知りたい方は、先にも挙げた宮林昭彦、加藤栄司両氏の『現代語訳　南海寄帰内法伝――七世紀インド仏教僧伽の日常生活』（法蔵館）が極めて読みやすいのでオススメしたい。

食事に用いる設備

【インド】　僧侶は、一人ひとりが離れて座り、互いに触れることはない。この時、高さ約二二センチメートル、座面が約三一センチメートル四方の小さな椅子に腰掛けて食べる。足は地につけ、前には皿と鉢を置く。足を置く地面は、牛糞《ごふん》できれいに塗り込められ、新鮮な葉が上に敷かれている。
釈尊の定めたところでは、床の高さは仏八指（四六・五六センチメートル／およそ一尺半）である。経典には、「食おわりに足を洗う」とある。

【中国】仏教寺院では、高床の牀座《しょうざ》に連なって座り、床に足を降ろさず結跏趺坐《けっかふざ》をし、触（不浄）の伝染という観念がないので、隣に座った者との接触を厭わず、平気で膝を並べて食事をする。
また、中国寺院の牀座の高さは二尺（六二・二センチメートル）以上あり、律の「高床の過ち」を犯すことになる。高床で結跏趺坐をするので足は汚れず、足を洗うことがないので、仏の教えに忠実ではない。

【補足】道元禅師が『赴粥飯法《ふしゅくはんぽう》』に記すところでは、さすがに隣の人の膝が接触するほど密着はしないが、義浄の批判する「高床の牀座に連なって座る」「床に足を降ろさず結跏趺坐」という中国式の作法が取り入れられている。インドの牀座は簡易な椅子であるが、『赴粥飯法』に記載の牀座は、如法に仏八指の高さで僧堂に据え付けられた畳敷きの高床のことで、大勢が並んで座れることから長連牀と呼ばれる。食事中も結跏趺坐であり、義浄の批判に該当する。

牀座が仏八指の高さと定められているのは、具足戒の中の「九十波逸提《はいつだい》」八四に規定があり、『彌沙塞五分戒本《みしゃそくごぶんかいぼん》』『摩訶僧祇律大比丘戒本』『四分律』『根本説一切有部毘奈耶』等、主要な律に記載されている。

また、曹洞宗以外の宗派では専ら食堂《じきどう》で食事を行うが、畳か板の間に低い長机が置かれ、そこに食器を置き、正面から浄人に料理を給仕してもらって、正座もしくは結跏趺坐で食べる。しかし、黄檗宗《おうばくしゅう》の斎堂《さいどう》では、明・清代の禅宗様式なのか、瓦敷きの床にいわゆるダイニングテーブルと個別の椅子が置かれ、浄人から食事を給仕してもらうのではなく、料理の盛られた大皿を回して、各自で取り分けて食べるスタイルである。

食事に関する浄と触（不浄）

【インド】　七世紀のインドの一般社会及び仏教サンガは、浄と触の峻別が原則であった。当時のインドは、この原則の遵守によって、自らと他のいわゆる後進文化を区別していた。触状態は、①食事、②大小便、③触との接触、によって起こる。

食に関しては、一口でも食べた瞬間、食べた当人はもとより、手をつけた食べ物、それを盛った器もみな触状態になる。これは人の貴賤にかかわらず、皆同じである。

触の状態になったら、浄水で手を洗い、口を漱《すす》げば、浄の状態に回復する。浄の状態になったら、他の人や浄食に触れることができる。このようにして清潔を保つ。

食べる人は、他の人に触を伝えないためにも、隅にいるべきである。食べ終わったなら、手を洗い、口を漱ぎ、並びに食器を洗ってはじめて清浄化儀式が終了し、鍋釜に触れることができる。

【中国】　中国では、インドの浄触の原則を知らないので、触となった食べ残しを、他の食べ物と一緒にして厨房に送り返してしまう。食器に残った果物や餅（小麦粉を丸めた加工品）は器に戻して後日食べるし、余ったスープも鍋に戻して明朝に食べてしまうのは、律を理解していないからである。

【補足】　義浄が頻繁に述べる浄・触システムについて、宮林昭彦氏と加藤栄司氏は現代語訳本の「解題に代えて」で、「日常を浄・不浄の二範疇に分け、一旦『不浄』状態になると浄化儀礼を経て自らを『浄』状態に移行させないと普通の日常生活に復帰できないという構造は正しく密教の原理そのもの」と述べており、密教がインド社会全体に大きな影響を与えていたことが分かる。

ところで、道元禅師は「浄」と「触」に関して、『赴粥飯法』の中で「鉢盂《ほう》の外側は、半ばより上を浄、半ばより下を触という」の文章を『禅苑清規《ぜんねんしんぎ》』から引用し、いかなる時も鉢盂の浄の部分を浄指（親指、人差し指、中指）の三本で持つように指導する。しかし、これは、食事で使用中の器は洗浄するまで触状態であるとする義浄の見解とは異なり、単に触とされる部分には触れないようにと言っているだけで、インドの浄・触の観念とは直接関係はない。

道元禅師『正法眼蔵《しょうぼうげんぞう》』「洗面」巻に、「ただ水を持ってきて澡《すす》いだ後、そのあとは清浄《しょうじょう》であるとだけ理解してはならない。水がどうして本来清浄であろう。本来不清浄であろう。本来清浄であっても本来不清浄であっても、（水の）来著《きた》ところを清浄にしたり不清浄にしたりするとは言わない。ただ仏祖の修証《しゅしょう》を保任《みにつけ》る時、水を用いて洗浣《せんかん》し、水をもって澡浴《そうよく》する等の仏法が伝えられている。これによって、修証すると、浄を超越し、不浄を透脱し、非浄非不浄を脱落するのである」[3]とあるように、仏としての修行実践は浄・不浄を離れたものであり、いわゆるインドの浄・触の観念とは異なる立場を示している。

食後の作法

【インド】浄状態が恒常たるサンガの生活に戻るには、清浄化儀式が必要になる。食後、人目につかないところや溝、水辺に降りる階段などで、手をきれいに洗い、口は歯木《しもく》を噛み、歯をこすって舌を刮《けず》り、口を洗浄する。

歯木は、できるだけ柔らかくほろ苦い木を選び、太いものは割り、小枝を切って歯木にする。①歯木の端をよく噛み、それで十分な時間をかけて歯をこすって唾液を出し、浄水でうがいをする。②歯木を割いて曲げ、舌の表面を刮《こそ》ぐ。ここで鼻うがいをする健康法もある。③歯磨き中は触の状態にあるので、手を洗い、口を漱いで浄に回復する。④使い終えたあと洗った歯木や口の中の水の廃棄をするときには、三度弾指《たんじ》をするか、咳払いを二回する。

この手の洗浄の際には、飲用や洗浄用の「浄水」と、用便の際に使用する「触水」の二種類があり、それぞれ「浄瓶」と「触瓶」に貯えられるが、決して混同混用してはならない。そして、その浄瓶の水を螺盃《かいのさかずき》や新鮮な葉、もしくは手に注いで洗浄するが、浄瓶及び手はあらかじめ三屑《さんせつ》（穀粉、土粉、粉末牛糞）できれいに拭って、油気を取り去っておく。

一方、口を漱ぐ際には、人目のつかない所であれば、浄瓶から直接口に浄水を受けてもよいが、人前であれば必ず容器を用いる。二、三度口を漱げば浄の状態に回復する。気をつけなければならないのは、食事を終えたあと、口を漱ぎ終える前に唾を飲み込んでしまうと、仮に食事終了を形で表すために座席から立ち上がっていたとしても、食事の再開とみなされ、一日一食（早朝の粥といった軽食は含めない）の戒律を犯すことになる。この場合は、唾は必ず口の外に捨てなければならない。しかも、正午を過ぎていたならば、非時食戒《ひじじきかい》（午前中までに正式な食事は済ませる）を犯すことになる。

【中国】　中国では、豆麺《とうめん》（マメ科のさいかちの実を砕いて作った洗い粉）や灰水を用いた口内洗浄法だが、これでは、歯の間には残食があることになるし、舌の上には油汚れがあることになってしまう。それに、中国の僧侶は、食後無駄話で時を過ごし、浄瓶を蓄えず、歯木も噛まない。これでは、ずっと戒を破り続けることになってしまう。

ちなみに、インドの「歯木」と中国の「楊枝《ようじ》」は別物。そもそも、インドには楊《やなぎ》がないので誤訳である。しかも、歯木の代用に五、六本の細い柳の枝を噛み、その後口の中の触を漱ぎ除くということを理解せず、噛んだあとの汁を飲むと病が治るという者までいる始末だ。これでは、病をなくそうと歯木を使うのに、かえって病を招いているようなものだ。

【補足】　道元禅師は『正法眼蔵』「洗面」巻で、早朝〝楊枝〟を使った歯磨き法について述べている。しかし、道元禅師の言う〝楊枝〟は、『摩訶僧祇律』を引用しながら説明をしている通り「歯木」のことである。しかも、大宋国の諸山ではすでに〝楊枝（歯木）〟の法（漱口、嚼楊枝、刮舌《かつぜつ》）が永く廃れ、出家者も在家者も非常に口が臭く、二～三尺を隔てても口臭が押し寄せてき、とても耐えられない。日本では誰もが楊枝を使うが、刮舌の法は広まっていないと述べており、七世紀唐代の義浄の憂いと一三世紀南宋に留学した道元禅師の憂いが同じであることも注目される。

また、同じく『正法眼蔵』「洗面」巻に「刮舌の法は、僧正栄西《えいさい》が（日本に）伝えた(4)」とあるが、日本臨済宗の祖・栄西禅師は『出家大綱』の中で斎戒《さいかい》（身心を清浄し、行いを慎むこと）が仏法の命根であると説き、「衣食（僧侶の衣の在り方や、食法）」の実践に関しては『南海寄帰内法伝』の記述をそのまま指針にしていることからも、刮舌の法は義浄のそれと同じと考えてよい。

ところで、栄西禅師も道元禅師も著書の中で、叢林の規矩に関しては、北宋代に成立した現存最古の『禅苑清規《ぜんねんしんぎ》』を重視し、ことあるごとにこれの参学を推奨している。この『禅苑清規』は、部派律（主に『四分律』）と大乗戒のどちらの戒律も大切にする立場が特徴的なので、大乗仏教の流れを汲む二人の禅師の著書に部派律の内容が多く登場するのは、そういった事情によるのである。

食事への招待と尊像

【インド】 基本的な流れは一六章「戒律にみる食事」の記述と概ね同じだが、食事が配られた順に食べ始め、わざわざ衆僧全員に配膳が行き渡るまで待たないなど、違いもある。

施主家を訪れた衆僧《しゅぞう》はまず衣紐を解いて足を洗って休憩に入ること、配膳時に聖僧の尊像・衆僧・鬼子母《きしも》（訶梨帝母《かりていも》）像の順に食事が供養されること、衆僧の配膳に際して生姜《しょうが》と塩がまず出されること、特別な食事でなくても長老は「平等に分けるように」と施主に請うこと、食後に鬼神への施食があること、食後に施主から歯木と手口洗浄用の浄水を受けること、などが行われる。

インドの大きなお寺では、厨房や食堂の柱か、大庫《おおくら》の門前に大黒天（マハーカーラ）の神像が置かれており、食事の時間になると、賄い係が香をたき、食べ物を大黒天の前に並べる。中国でも淮河《わいが》より北では祀られないが、長江《ちょうこう》より南では多く祀られる。

食事を配る浄人は、食事を受ける僧の前で足を並べ、恭しく体をかがめ、両手で食器及び餅、果実をとる。触の伝染を避けるため、食べ物は僧の手から二三・三センチメートルは距離をあけて置かれる。食べ物の入った器同士は三～六センチメートルほどあけて置かれ、こうでなければ僧は律に沿った受食ができない。

食器や牀座《しょうざ》（いす）は、サンガの共有物を施主家に持って行ってもよいし、僧が私有するものでもよい。状況に合わせて選択する。食器は銅製のみで、器に油汚れが染み込むことを嫌うので、木器は認められておらず、瓦器（陶磁器）であれば素焼きではなく釉薬《ゆうやく》のかかったものであれば再使用ができる。中国から漆器も入っているが、全く食器としては使われていない。

また、普く衆生に施される生飯《さば》は、食後に右手を清め、席から立つ時、右手いっぱいに食べ物をすくい取り、外に持って出る。また、これとは別に、亡くなった人や他の鬼神のために一皿の食べ物を施食する。それをするには、その皿を持って長老の前に跪き、長老がわずかの水を注いで呪願したら、これを持って外に出、寂しい所や林や草むらの下、河や池の内で施す。

【東南アジア】　三種の浄肉を認めており（インドでは、戒律の規定で許されてはいるものの、僧俗どちらにおいても肉食は好まれない）、器は葉を縫って大皿とし捧げ持って衆僧の前に行き配り、僧侶ひとりあたりの食べ物の供給量がインドに比べて非常に多い。

【中国】　中国仏教では、施主自らサンガに赴いて食事の招待を請うことはなく、水濾し網を常時携帯して、虫の有無の確認もしない（『具足戒』「波逸提」に違反）。中国では施主家のために食前に呪願を唱えるが、インドでは唱えない。また、食後に歯木を噛んで清浄化儀礼を完了させず、正午以降にも食事を摂って非時食戒を遵守しない。また、戒律を軽んじ、不邪淫戒の遵守のみで事足れりとする風潮がある。

【補足】曹洞宗の修行道場で施主が雲水に食供養をする時、施主巡堂といって、食事の際に坐禅堂内を一巡する作法が存在するが、この時はあくまでも僧堂に施主が赴くのであって、施主家に招待されることはない。つまり、施主家に赴いて雲水が食事の接待を受けることは、特別な時を除いて、如常では見られないということだ。

ところで、食事の際に祀られる尊像に注目したい。では、まず聖僧《しょうそう》から見ていこう。

聖僧《しょうそう》

聖僧を祀る「聖僧堂」を、短く略してできた「僧堂」の名称。禅寺の僧堂は、そもそも聖僧を祀る場所であるということだ。そんな僧堂に祀られる聖僧だが、現代の曹洞宗の僧侶に「聖僧さまはどなたか」と問えば、ほぼ間違いなく「文殊《もんじゅ》菩薩」と答えるだろう。しかし、実際のところ、聖僧は文殊菩薩だけではない。

そもそも聖僧とは、「食堂（食事をする場所）において、上座《じょうざ》（長老・指導者）として中央もしくは上席に安置する像」のことであるという。では、その正体についてだが、賓頭盧《びんずる》尊者（十六羅漢の第一「賓度羅跋羅堕闍《びんどらばらだじゃ》」と同一）か僧形の文殊菩薩（智慧の仏）であることが多く、まれに大迦葉《だいかしょう》（釈迦十大弟子の一人「頭陀《ずだ》第一」で仏教二世）の場合もある。他には須菩提《しゅぼだい》（釈迦十大弟子の一人「無諍《そう》第一」）、憍陳如《きょうちんにょ》（釈尊が成道後最初に説法した五比丘の一人で最初の弟子）、また描かれた僧形の賓頭盧尊者と文殊菩薩の二尊を指すこともあるが、ここでは、賓頭盧尊者と文殊菩薩を見ていきたい。

『雑阿含経《ぞうあごんきょう》』や『阿育王伝《あいくおうでん》』などの初期仏教経典には、賓頭盧尊者が〝上座（長老）〟として食事の供養を受けた説話があり、そこから寺院内の食堂や僧衆を食事に招待する施主の家に聖僧として、賓頭盧尊者用の空座が設けられたり、のちには実際に賓頭盧尊者像が祀られたりするようになった。ちなみにこの賓頭盧尊者、阿羅漢《あらかん》（初期仏教・部派仏教における修行者の到達しうる最高位）でありながら、釈尊より「衆生全員の済度《さいど》が終わるまで涅槃《ねはん》に至ってはならない」と命じられた存在なので、実質的に現世の上座で在り続けるという意味では、聖僧にふさわしい。

また、『仏説文殊師利現宝蔵経』には、長雨で食事を摂っていない非常に多くの比丘衆のために、文殊菩薩が自らの乞食で得た一鉢の飯食を智慧の神通により尽きさせなかったとあり、衆僧を食事で救った文殊菩薩が食堂に祀られるにふさわしい逸話となっている。

この両者、唐代の華厳《けごん》僧・法蔵《ほうぞう》（六四三〜七一二）の記した『梵網経法蔵疏《ぼんもうきょうほうぞうしょ》』には、部派仏教の寺では賓頭盧尊者を上座とし、大乗仏教の寺では文殊菩薩を上座とするとあるが、やや下った不空《ふくう》（七〇五～七七四）の時代の中国では、実際は賓頭盧尊者をもって食堂の上座としていた寺院がほとんどだったという。しかし、文殊信仰に篤い不空が朝廷に「天下をして食堂中の賓頭盧の上《かみ》に特に文殊師利の形像を安置して上座とせん」と奏請したことから、中国全土の寺院の食堂の上座として文殊菩薩像が急速に導入されていった。不空は大乗の徒でありつつ部派仏教有部律の護持者なので、文殊と賓頭盧の双方を祀る意思は明白だったが、次第に文殊菩薩のみが中国仏教の聖僧として機能していくようになる。

唐代に五台山を巡礼に訪れた最澄《さいちょう》の弟子で、のちの第三代天台座主の慈覚大師円仁《えんにん》が、八四〇年に停点《ていてん》普通院《ふつういん》（普通院は、五台山巡礼者向けの無料宿泊できる小規模寺院）の食堂内を見て、上座には文殊菩薩だけで、賓頭盧尊者が祀られていないことを不思議に思い衆僧に尋ねると、五台山にある寺院では、みな文殊菩薩のみだと言われたと、『入唐《にっとう》求法《ぐほう》巡礼《じゅんれい》行記《こうき》』には記されている。そもそも、五台山が文殊信仰の聖地であることの影響も強いのかもしれないが、菩薩への礼拝に重きを置くのが大乗仏教の特徴なので、文殊菩薩のみが安置されるようになったのであろう。

以上、浅井覚超著『真言宗食事作法解説』の聖僧の研究を中心に簡単にまとめた。詳細を知りたい方は、ぜひこの書をお読みいただきたい。日本の各宗派の食事作法についても言及され、非常に優れた内容となっている。

ところでこの「聖僧」。現代の禅宗、特に曹洞宗の僧侶からすれば、〝坐禅をする場に祀られる尊像が聖僧なのではなく、食事をする場に祀られる尊像を聖僧と呼ぶ〟という事実には驚きを禁じえない。これに関連して韓志晩氏は、唐代の寺院に併設された食堂の様式が、唐代中期の百丈懐海《ひゃくじょうえかい》禅師が造った初期禅宗寺院に引き継がれ、宋・元代の禅宗寺院における僧堂建築が成立した、と建築学の立場から指摘している。つまり、僧堂は明・清代には坐禅堂とも呼ばれるようになったが、その坐禅ではなく食事の機能を先としたということなのだ。

だが、わたしにはこれが妙に腑に落ちる。それは、坐禅に打ち込む場所にしては、極めて食事がしやすい構造だと感じられ、坐禅の場を食事もできるように改変したというよりも、元が食事の場であったところで専ら坐禅をするようになったと表現した方がしっくりくるのだ。義浄の報告にもあるように、元々中国仏教では結跏趺坐で食事をしていたので、移行のしやすさもあっただろう。

実を言うと、臨済僧・無著道忠《むじゃくどうちゅう》（一六五三〜一七四五）が晩年、寛保元年（一七四一）に発行した禅宗用語辞典『禅林象器箋《ぜんりんしょうきせん》』「食堂」項にも、「禅林の僧堂は、本と食堂なり。食堂は即ち斎堂なり」とあり、江戸時代の禅僧には知られていたことであった。

また、同じく「斎堂」項に「斎堂は即ち食堂なり。食堂は即ち僧堂なり。今、日本の黄檗山（＝萬福寺）、僧堂の外に別に斎堂を設く。蓋し大清（＝中国）の禅林は是くの如し、古きにあらざるなり」とあり、宋代の禅の僧堂建築様式が明・清代にはすでに変化していったことが窺える。

さて、日本仏教の各宗派の聖僧事情はどうだろう。全ての宗派を網羅しているわけではないことを先にお断りしておくが、まず、本来の食堂の上座としての聖僧は、文殊菩薩（向かって右）と賓頭盧尊者（向かって左）の二尊一幅の掛け軸を食堂に祀る南山律宗（唐招提寺）、これと同じ形式のものは、高野山の加行《けぎょう》道場である真別処円通律寺、高野山専修学院宝寿院にも確認ができたが、浅井覚超氏によれば高野山大学加行道場大菩提院、高野山大学紫雲寮各食堂、真言宗御室《おむろ》派《は》総本山仁和寺《にんなじ》にも安置されているという。先に述べた不空が朝廷に奏請した両尊を祀る形式だが、いずれも掛け軸であり、両尊の尊像が祀られるわけではない。

次に賓頭盧尊者のみを食堂に祀っているのは、真言宗の一部で見られ、同じ真言宗でも聖僧として、寺院によって賓頭盧尊者・文殊菩薩・大迦葉・弥勒《みろく》菩薩などが祀られる場合もあるという。

そして文殊のみを食堂に祀るのは、坐禅・食事・睡眠を同じ僧堂（坐禅堂・雲堂）で行じる曹洞宗以外には、天台宗比叡山の食堂が挙げられる。『天台宗実践叢書』によれば、(5) 伝教大師最澄『山家学生式《さんげがくしょうしき》』「四条式」に「文殊上座」とあることからも分かるように、天台宗の食堂では文殊菩薩を上座として伝統的に祀ってきた。同じ禅宗でも、臨済宗では食堂に尊像を祀らないし、聖僧というとやはり〝坐禅堂の〟文殊菩薩を指す。明代の禅を伝えた黄檗宗の萬福寺では、斎堂に緊那羅王《きんならおう》菩薩が祀られているが、元は法堂に安置されていたというので、本来の食事場面における上座としての聖僧という意味とは異なる。黄檗宗の僧堂には、文殊菩薩ではなく白衣観音《びゃくえかんのん》菩薩が祀られているが、これを「ショウソンサン」と呼ぶという。おそらく、後世の「坐禅をする場に祀る尊像としての聖僧」という意識から「聖僧さん」が訛り、このようになっているのだろう。

厨房の神々

調理場に祀られる神の尊像としては韋駄天《いだてん》と大黒天《だいこくてん》は無視できない。曹洞宗でいえば、大本山永平寺の庫院《くいん》前には護法韋駄尊天《ごほういだそんてん》、内部の柱には大黒天を象徴する模様を描いた紙が貼られ祀られている。一方大本山総持寺では、韋駄天の代わりに大黒天が典座寮《てんぞりょう》前に祀られている。韋駄天にしろ大黒天にしろ、元はバラモン教の神であり、仏教に帰依したことで天部の存在として仏教を守護する側に立った。

韋駄天は、サンスクリット語でスカンダといい、足が早いことで有名だが、その足の速さから伽藍《がらん》の火防を司る仏神として主に火を扱う庫裏《くり》に祀られる。曹洞宗では、毎月五日、朝課の終わったあとに韋駄天諷経《ふぎん》が営まれ、丁重に祀られる。

大黒天はサンスクリット語でマハーカーラといい、その尊像は常に油で拭かれることで黒光し、そこからこの名となった。しかし、日本では大国主命《おおくにぬしのみこと》と習合し、いわゆる七福神の大黒さまのような姿がイメージされやすい。なぜ、この大黒が厨房に祀られるのかというと、あるお寺で僧侶の食事が足りなくなった際、浄人の老婆が慌てることなく、こんなことはいつものことだと言って大黒天に願ったところ、食事が行き渡ったという『南海寄帰内法伝』に見える説話が根拠となっている[6]。こうしたことから、七世紀インドのお寺では、食堂の柱側や厨房の門前に木彫の大黒天が祀られるという。ちなみに大黒天は、奈良仏教や平安仏教を中心に日本仏教の諸宗派で祀られている。

また、曹洞宗においては、竈《かまど》の火を守護する神として『典座教訓』にも記述のある竈公《そうこう》の存在を忘れてはならない。大村哲夫氏によれば、「禅院では食事を司ることは、重要な職とされている。その担当者は調理に際して適宜の経呪を読誦《どくじゅ》し、その功徳を竜神（竈公？）にめぐらし火防と護法（と）安人を祈願する。この祈祷は宋の僧院で行われていたものを道元が将来したものである」といい[7]、典座は午前中、中食の調理を開始するにあたって毎朝、竈公諷経を行う。また、日蓮宗では、竈の神として、厨房に「普賢三宝大荒神《ふげんさんぽうだいこうじん》」を祀っている。これは寺院だけではなく、檀信徒の厨房にも祀られ、年末に「釜締め」の行事のため、僧侶が各家を巡り、三宝荒神にお経を上げて、御札を交換するという。そういえば、永平寺でも庫院から少し離れた中庭に、三宝荒神の祠があったが、竈神としての機能がもしかするとあったのかもしれない。

（1）義浄（訳：宮林昭彦・加藤栄司）『現代語訳　南海寄帰内法伝――七世紀インド仏教僧伽の日常生活』法蔵館、二〇〇四、四三一頁
（2）水野弘元／中村元／平川彰／玉城康四郎『仏典解題事典』春秋社、一九七七、一〇八頁
（3）水野弥穂子：訳註『原文対照現代語訳　道元禅師全集　正法眼蔵5』春秋社、二〇〇九、一五八頁
（4）水野弥穂子：訳註『原文対照現代語訳　道元禅師全集　正法眼蔵5』春秋社、二〇〇九、一八〇頁
（5）天台宗実践叢書編纂委員会『天台宗実践叢書』三巻、大蔵舎、一九九二、二四頁
（6）義浄（訳：宮林昭彦・加藤栄司）『現代語訳　南海寄帰内法伝――七世紀インド仏教僧伽の日常生活』法蔵館、二〇〇四、六八―六九頁
（7）大村哲夫「仏に代わって祈りを聞くカミガミ　禅宗寺院における自力と他力、祈祷の構造」『東北宗教学』二号、二〇〇六、二九―三〇頁

十八　インドと中国の僧食（下）——食べ物

インドの食べ物

　ここからは、「十六　戒律にみる食事」の末尾にある「律にみる薬の分類表」と合わせて読み進めていただきたい。

　さて、律の規定では、正午前に食べる正餐として、五噉食《たんじき》と五嚼食《しゃくじき》がある。五噉食は、古くは五正食《しょうじき》とも呼ばれ、飯、麦豆飯、麨《しょう》、肉、餅の五つであり、口に入れてすすり食べる物を指す。五嚼食は、古くは五助食とも呼ばれ、根、茎、葉、花、果であり、よく噛んで食べる物を指す。もしも、五噉食を先に食べたならば、それで十分なため、その後に五嚼食を食べてはいけない。逆に、五嚼食を先に食べたなら、後で五噉食は食べてもよいし、食べなくてもよい。

中国仏教で食べてもよい、食べてはいけないと議論になる酥《そ》（バター）、油（バターオイル）、乳、酪《らく》（ヨーグルト）といった様々な乳加工品は、インド全土で食べられる。しかし、肉などの生臭物は僧俗ともに好まれない。

北部は麵《むぎこ》（麦の粉）、西部は麨《むぎこがし》（煎り麦を挽いた粉）、中央部・南部・東部は麵が少なく米が多い。中国に比べてインドは、米が多く、粟《あわ》が少なく、黍《きび》はない。甘瓜（マクワウリ）はあり、蔗《しょ》（サトウキビ）や芋は豊かである。

インドでは、膾《なます》や生野菜を食べないので内蔵を患うことがない。

南海（東南アジア）ではインドと違い、肉（三種の浄肉）がよく食べられる。

【補足】　森枝卓士著『アジア菜食紀行』は、仏教と同時期に成立したジャイナ教を信奉する、現代の信者の菜食生活に関してリポートしている。ジャイナ教はアヒンサー（不害）の禁戒を厳守する徹底した苦行・禁欲主義の実践を求めるが、特に不殺生戒を厳格に守ることが特徴である。そこで、現在も菜食主義者の多いインド文化を表す指標として、ジャイナ教の食事情を見ていきたい。

例えば、仏教同様タマネギ、ニンニクを食べてはいけないのだが、これは仏教のように香りが強いからという理由ではなく、根を食べるとその植物の生命を殺してしまうというインド特有の生命観から、「植物の命を〝根絶しない〟」ことがその理由となる。故に、ジャガイモなどのように根に複数実る野菜も、全て収穫すると不殺生を犯すことになるが、少し分けてもらうのならば破戒にはならないので食べてもよい。ゆえに、カブや大根など一つしか実らないものはアウトということになる。ただ、土を掘り返すことで生き物を殺す可能性があるので、少しのジャガイモも駄目とする人もおり、そこは戒律解釈の仕方の差と言えるだろう。

一方、仏教では基本的に、植物を生き物とは見なさず、食べても不殺生戒には該当しない。どちらもインドの宗教だが、その姿勢は微妙に異なる。

また、同じジャイナ教徒でも、食べてはいけない物の範囲は個人によって異なり、それぞれが自分のルールを守る形で行われる。このあたりは、在家信者と出家者との違いかもしれない。

また、インドの菜食では、乳製品が多用される。イメージとしては肉の代わりのチーズといった感じだ。もちろん、戒律で禁止されていないのだが、日本の精進料理では、なぜか乳製品を使用する場合の方が圧倒的に少ない。

中国の食べ物

では次に中国の事情を見ていこう。中国で時代ごとに何が食べられていたかについて知るには、篠田統著『中国食物史』『中国食物史の研究』が非常によくまとまっているので、これらを中心に述べていきたい。ただ、七〇年代の書なので、考古学的発見やゲノム解析の進んだ現在の稲作に関する知見に比べると流石《さすが》に古いが、それは横に置いておくとしても、詳しく中国の食の歴史を学びたい方には、これらを読むことを強くおすすめする。

まず、前提として抑えておきたいことは、中国大陸には北の黄河、南の長江（揚子江）という代表的大河があり、これらの流域に作物の特徴が現れやすいことだ。例えば、黄河流域の洛《らく》陽《よう》や黄河支流の長安《ちょうあん》といった北部の都では黍や粟が主食である。また、黄河と長江の間で生産される小麦は、紀元前の前漢時代、外交官の張騫《ちょうけん》によって陸のシルクロード経由で中央アジアからもたらされた。それ以降、このルートを通って持ち込まれたものを〝張騫もの〟と呼ぶようになり、次第に西域（中央アジアやインド）の食べ物が伝わった。その中には菠薐草《ほうれんそう》もあり、ペルシア（現イラン）を表す「菠薐《ポーリン》」の名からも、張騫ものであることが分かる。

一方、長江流域以南では多産な米が主食であるが、詳しくは「匙と箸」の項で述べることとする。

ところで、篠田氏によれば、古代には北方異民族との交流も密接で、乳製品の利用もあったという。調理法は、「焼く」「蒸す」「煮る」「膾《なます》／酢漬け」「塩漬け」などがあり、土器《かわらけ》が調理道具の中心であった。中でも、「煮物」は土器の泥臭さが移るため、薄膳《はくぜん》（安料理）と呼ばれ

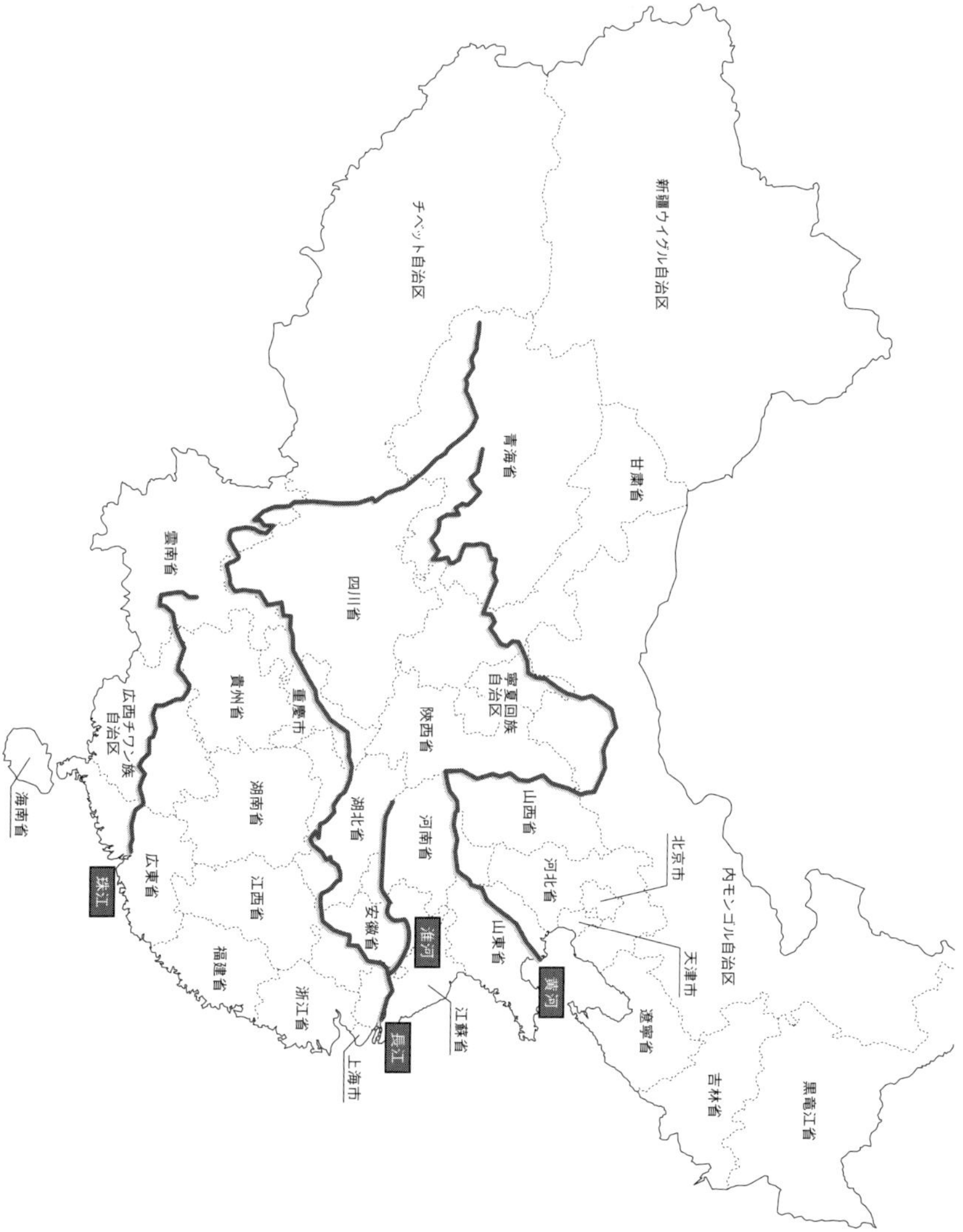
チベット自治区
新疆ウイグル自治区
青海省
甘粛省
雲南省
四川省
寧夏回族自治区
陝西省
貴州省
重慶市
広西チワン族自治区
湖南省
湖北省
河南省
山西省
北京市
内モンゴル自治区
河北省
天津市
海南省
広東省
珠江
江西省
安徽省
淮河
山東省
黄河
遼寧省
吉林省
黒竜江省
福建省
浙江省
長江
江蘇省
上海市

て一段低く見られていた。

漢代（前二〇二～二二〇）に入ると、調理道具は王侯あたりでは青銅器のものが使われ、鉄で包丁が作られるようになったが、調理は土器や陶器が主で、穀物類は蒸して食べられていた。中国への仏教伝来は、伝説では後漢（二五～二二〇）の頃で、インド僧の迦葉摩騰《かしょうまとう》と竺法蘭《じくほうらん》が、白馬に乗って都の洛陽を訪れたことを発端とする。仏教伝来以降、僧侶の食は中国の既存の料理から肉を抜いただけのものとなる。

南北朝時代（四三九～五八九）、仏教の大庇護者であった南朝の梁の武帝は、『大般涅槃経《だいはつねはんぎょう》』に基づいて、僧侶の肉食の全面禁止を提唱したり、宗廟の祭の供物として伝統的に供えられる脯《ほしし》（干肉）を大餅に変更したりするなど、仏教と食に関しての逸話が多く残っている。

一方、北朝の北魏の農書『斉民要術《せいみんようじゅつ》』において、調理道具としての鉄器が登場し、「炒める」「揚げる」という調理法の萌芽を認めることができる。ではその調理に使う油に関して、狩猟を行う人々であれば動物油の存在は知っていただろうが、植物油に関してはどうだろう。もともと、前漢末『氾勝之書《はんしょうししょ》』には「大豆」や「麻」、後漢『四民月令《しみんげつれい》』にはシルクロード諸国から張騫が持ち帰った「胡麻《ごま》」と、古くから採油植物は収穫されていたが、この時代の『斉民要術』になってようやく「このものは圧して油をとる」と採油に関する記述が見られるようになった。さらに、美味しい順に①胡麻油 ②荏油《えごま》 ③麻油 とランキングまで発表している始末だが、どうやら前漢の中～末期頃に西方から伝わったと見られている。

隋（五八一～六一八）・唐（六一八～九〇七）の時代は、水車を利用した製粉技術が開発され、北部の産地で小麦粉文化が花を開くが、隋代の京杭大運河《けいこうだいうんが》の建設により、長江流域の米が北部にある首都長安に運ばれて食べられるようにもなった。これにより、北部の人々も当時は原因不明であった脚気《かっけ》に悩まされることとなる。

唐の中頃になってくると、ヨーグルト、チーズ、バターは一般的になっており、豆腐も登場してくる。伝説的には「前漢の淮南王《わいなんおう》・劉安の発明」となっているが、唐代以前の文献には一切見られないので、あくまでも伝説であろう。

また、南部で原産のお茶が、坐禅中の僧が眠気を抑えるために飲まれるようになった。さらに仏教絡みでは、僧侶の作る料理が、宋代の『清異録《せいいろく》』「饌羞門《せんしゅうもん》」に出てくる。ただ、ここに登場する尼僧・梵正《ぼんしょう》の料理には、肉が使われており、一切の肉食を禁止した中国大乗仏教らしくない。

北宋代（九六〇～一一二七）に入ると、後にコロンブスによって将来されるアメリカ原産の食材以外、大体の食材がそろい、中華鍋の普及によって油を使って炒めるという調理法が一般的になり、現在の中国料理の手法がほぼ出揃うことになる。

仏教的な動きでは、雲門《うんもん》宗の宗賾《そうさく》が最古の清規『百丈清規《ひゃくじょうしんぎ》』が散逸していることを憂い、当時の叢林古刹で行われている行法を広く調べ、依準すべき禅門の規矩を『禅苑清規《ぜんねんしんぎ》』として編集した。その中には、禅特有の食事作法として「赴粥飯」が掲載されている。

そして、南宋代（一一二七〜一二七九）。都は杭州《こうしゅう》で海が近いこともあり、魚や果物が豊富である。しかし、この頃派閥争いに負けた官吏たちが、世事から離れ、隠遁生活を送る〝山人《さんじん》〟となり、詩作に身をやつす生活がブームとなる。彼らは美食に縁がないので、自然と肉食が排斥されていき、野菜食が一部で発展する。道元禅師が留学したのはそんな時代であった。

ちなみに、北宋・南宋は、遼や金といった中国東北部の遊牧民勢力に常に脅かされていた。やがてそれらも滅び、元代（一二七九〜一三六八）に入ると、モンゴル人はそれまでの異民族の支配層と違い、全く漢化政策を行わず、むしろフビライ・ハンは一級「モンゴル人」、二級「色目人（西域人）」、三級「旧金領在住の漢人」、四級「旧南宋の漢人」と身分を分け、最後まで敵対した旧南宋の漢人を蛮子《まんじ》と呼び、蔑んだ。こうして中国の食生活は、脂っこい北方料理が幅をきかせ、料理法の八割が「焼く」、残り二割は「煮る」で味付けは塩味のみ、穀物は乳や肉と一緒に煮込むといったモンゴルスタイルにシフトしていった。これは支配層に限らず庶民の食文化にも影響していくが、庶民の一般食は相変わらず豆腐であったという。

元代にまとめられた料理書『居家必用事類全集《きょかひつようじるいぜんしゅう》』の素食の項には、「仮○○」という〝もどき料理〟の記述が見られ、「仮灌肺（こんにゃくで動物の肺に見立てた料理）」「素灌肺（生麩で動物の肺に見立てた料理)」「炒鱔乳虀淘(切り麺を鱔《たうなぎ》に見立てた精進スパゲティ・サラダ)」「仮水母線(クラゲの代用としてこんにゃくを使ったもの)」などが掲載されている。ただ、〝素食〟は肉や魚を使用しない野菜料理といった意味でしかなく、必ずしも僧侶用の食事というわけではないが、次に来る明代に黄檗《おうばく》宗の祖・隠元隆琦《いんげんりゅうき》禅師によって日本にもたらされた普茶《ふちゃ》料理を代表する「もどき料理」の原型がここに登場することを思えば、感慨深い。

さて、今度は虐げられてきた江南系の人々の国家、明の時代(一三六八〜一六四四)となる。この時代には、メッカを巡礼してきた回教徒により「トウモロコシ」が、また海路でアメリカ原産の「サツマイモ」がもたらされ、小麦、黍、粟とともに北部で消費されるようになる。北部では米が貴重で、逆に南部では小麦が貴重であった。南部の主食は米であり、北部文化の象徴である乳酪もこの頃には南で消費されるようになった。こうした元代の名残を持つ明の食文化は、先の隠元禅師によってインゲン豆(一説に藤豆)と共に日本に伝わることとなった。

匙《さじ》と筯《はし》

【インド】 インドの食事作法では、右手の指先だけを用いる。しかし、病気という正当な理由があれば、例外として匙を持つことは許される。また、『根本説一切有部毘奈耶雑事《こんぽんせついっさいうぶびなやぞうじ》』巻第三には、施食が熱すぎて冷めるのを待っていると正午を過ぎてしまうといった事情の時には匙を使うことが許されたとある。

【中国】筯《はし》（箸）は、インド仏教の各部派では使用されない。しかし、中国では僧俗共に筯を使用する。僧侶は、この筯の使用について考える必要がある。筯の使用は、「略教」の適用事例にあたるので、つまり、「もしも筯を用いた時に僧たちの誹りがないのであれば、中国では筯の使用を行ってもよく、仮に一般世俗の徒に笑われたり嫌悪感を持たれたりするのであれば、使用すべきではない」という基準に従うべきである。

【補足】道元禅師は『赴粥飯法《ふしゅくはんぽう》』の中で、われわれが仏の児孫であるからには、釈尊に従って手食をすべきだが、その作法を尋ねられる師がいないので、我が国の習慣に従って筯や匙《さじ》、鐼子《くんす》を用いることとすると述べている。(1)

ここでポイントとなるのは、「我が国の習慣」の部分である。日本における筯や匙の使用は、能勢美佐子氏によれば、隋に派遣された小野妹子が多くの大陸文化とともに持ち帰り、聖徳太子が朝廷の食事に採用したという。(2)

では、当の中国ではどうだったかというと、箸の食事使用については、『楚辞《そじ》』（中国戦国時代〈紀元前四〇三年~前二二一年〉の楚地方に謡われた韻文で、時代を下った前漢の劉向《りゅうきょう》〈紀元前七七年~前六年〉によりまとめられた）の中に見られ、戦国時代あたりには日常的に使用されていたことが分かる。

また、同じく劉向とほぼ同時代の儒学者・戴聖《たいせい》が重んずべき礼法についてまとめた『礼記《らいき》』「曲礼篇」に、「人の左に飯、右に汁物を置く」や「飯は箸を使わず手食、汁物は匙、そして熱い汁物の具には箸を用いる」とあり、当時の理想とされる料理の配膳位置、食具の使用方法を窺い知ることができる。

一方、高倉洋彰氏は、同じく『礼記』「曲礼篇」の「貴い者は飯や黍を食べる時に匙を使っても仕方がない」という記述から、その言外に、正式な席とは別に飯や黍を匙で食べる日常生活があったと指摘している。(3)

そして、山内昶《ひさし》氏によると、漢代から唐代までは主食を匙、副食を箸で食べていたが、宋代、元代にかけて逆になったという。(4)

では、聖徳太子以降の日本ではどうだったか。渡辺実氏は、「匙はカイともいわれ、箸とならべて食膳に用意され、汁物のほか主として飯をすくうのに使用した」と、奈良時代以降の貴族に用いられたとし、(5)平安時代には小山のように盛り上げた高盛り飯を箸や匙を突きたてて食べたという。(6)また、原田信男氏も、匙は箸とセットで「台盤とともに大饗（唐の台盤料理の影

響を受けた、細かい食事作法のある奈良・平安貴族の料理形式）などの儀式に用いられた」と述べている。(7)

一方、曹洞宗の応量器を用いた食べ方は、道元禅師の『赴粥飯法』が基準となる。これを見ると、粥の食べ方のところで、「頭鐼《ずくん》を口に近づけて、匙を使って粥を食べる」(8)とあるほか、「一口分のご飯を、必ず三すくいで食べるようにする。仏は『食べる時、極端に小さく丸めたり、極端に大きく丸めたりせず、きれいに円く整えて食べよ』と言っている。匙の先をまっすぐ口に入れて、ご飯がこぼれ落ちないようにしなさい」(9)と、道宣『教誡律儀《きょうかいりつぎ》』「二時食法第八」に依拠し、匙を用いた米飯の食べ方を具体的に説いている。ちなみに、曹洞宗では現在もこの食べ方が行じられ続けているが、食べる時間によって作法が微妙に異なり、小食《しょうじき》の粥と中食《ちゅうじき》の米飯はそれぞれ頭鉢《ずはつ》に盛られて匙で食べるが、薬石《やくせき》は本来正式な食事とは見なされないため頭鉢は用いられず、次に大きい頭鐼に米飯を盛って箸で食べる。

となると、道元禅師が南宋で経験した食事作法はどんなものだったか気になる。当時、匙の使用が主食から副食に変わる過渡期にいたことに間違いはなく、この『教誡律儀』に書かれた作法の実践もあったとは思うが、これ以上は想像の域を出ない話である。

ところで、そうした作法も、室町時代に入ると本膳料理の発展とともに、およそ曹洞宗寺院を残して匙は日本社会から次第に消えていった。当時の具体的な匙での食べ方を知る手がかりは、こうして失われてしまったのである。

ちなみに、南山律宗（唐招提寺）の食具にも匙が存在するが、曹洞宗のように細かな匙の使用規定があるわけではなく、必要に応じて使い分けるようである。

さらに、僧侶の食事だけではなく、仏さまの食事、つまり、仏膳での匙の使用に関して調べてみると、仏膳に匙を用いるのは臨済宗、曹洞宗、黄檗宗の禅宗のみに伝わる文化であるとわかった。しかし、曹洞宗の場合、仏前に献ぜられるお膳では、頭鉢に入った仏飯に匙を奥側に立てかけるようにして挿すが、臨済宗では匙をご飯に垂直に立てて挿すなど細かな違いはある。

米

では最後に、食べ物の側から、お米について言及しておきたい。

稲には、野生種（自生）と栽培種（稲作）の分類があり、さらに栽培種にはアフリカ・ニジェール川流域に起源を持ち、現在もこの地域で栽培されるアフリカイネ（オリザ・グラベリア種）と、中国の珠江《しゅこう》中流域に起源を持ち、世界各地に伝播したアジアイネ（オリザ・サティバ種）の二系統がある。そして、このアジアイネには、①インディカ米（インド、中国東南部、タイ、ベトナム、アメリカなどで生産。世界の米生産量の八〇パーセント以上。細長い粒でサラサラな食味）②ジャポニカ米（温帯ジャポニカとも。日本、朝鮮半島、中国東北部などで生産。短粒で粘りの強い食味）③ジャバニカ米（ジャポニカ米の近縁種で熱帯ジャポニカとも。ジャワ、熱帯地域、イタリア、中南米などで生産。粒はインディカ米とジャポニカ米の中間の大きさで、インディカ米に近い食味）の三種類がある。

日本で一般的に食べられているのは、ジャポニカ米（日本型）だが、その栽培の起源は日本ではない。二〇一二年、中国の研究者と国立遺伝学研究所の倉田のり氏らが、共同執筆した英科学誌『ネイチャー』に掲載の論文によると、アジア各地の野生種四四六系統と栽培種一〇八三系統の計一五二九系統のゲノム（全遺伝情報）解析を網羅的に行った結果、ジャポニカ米にしろインディカ米にしろ、全てのアジアイネは中国の珠江中流域（ベトナム国境に近い現在の中国広西チワン族自治区）に栽培の起源があると判明したという。(10) これにより、長らく続いていた栽培稲の起源地に関する論争にひとまず終止符が打たれた。

中国では、歴史的に「粳《けん》」（ジャポニカ米／温帯ジャポニカ）と「籼《せん》」（インディカ米）の二種類が作られてきた。粳は今から七〇〇〇〜八〇〇〇年前の長江中・下流域の稲作遺跡から発見されるほど古い種で、佐藤洋一郎著『稲と米の民族誌』によれば、長江流域の北側、もしくは南側でも南京から上海周辺で生産されるという。(11) 一方、籼は一〇一二年、北宋の第三代皇帝・真宗《しんそう》によって、今の福建省辺りでわずかに栽培されていた占城稲《せんじょうとう》（ベトナム南中部原産。収穫量が多く、長雨に弱い反面、旱害に強く、手間の掛からない早稲）が、長江以南の各地に広められた種である。

この二つは米質が全く異なるが、次の逸話を読んで登場する米が粳・籼のどちらか当てていただきたい。

隋代に南北に亘る京杭大運河《けいこうだいうんが》が開通し、黄河流域にある唐の首都長安まで、長江流域の米が運ばれるようになっていた。唐の第九代皇帝・玄宗の時代、東宮御所《とうぐうごしょ》の宿直者に出される粥が白米粥であったが、黍や粟といったサラサラの食味の雑穀が主食であった北方の官吏・薛令之《せつれいし》にとって、とても我慢できるものではなかったらしく、当直室の壁に「飯渋《めししぶ》り匙綰《さじすべ》りにくく、羹稀《こううす》く筯寛《はしひろ》め易《やす》し」と詩を落書きするほどであった。これを現代語訳すると、「飯は粘って匙につき、汁の実まばらで箸にかからぬ」となる。

さて、お分かりになっただろうか。長安の住人でも支配者層しか米は口にすることができなかったので、サラサラとされる籼ですら黍や粟に慣れた薛令之にとっては、強い粘りを感じた可能性もある。しかし、唐代にはまだ籼は江南でも一般的ではないので、時代考証的にこの米は粳であるということになる。

ところで、その長安など中国北部では、小麦や黍、粟といった雑穀が中心で、唐代には碾磑《でんがい》という水車で動く臼による製粉技術が開発され、それまで貴族のものであった粉食が民衆にも広がるきっかけとなり、次第に粉もの文化が多様な展開を見せるようになっていく[12]。

次に米の炊き方について。米の炊き方には、先に挙げたジャポニカ米に適した「炊き干し法」と、インディカ米を食べるインド・東南アジアで主流の「湯取り法」の二つがある。

はじめチョロチョロ、中パッパ
ブツブツいう頃、火をひいて
一握りのわらしべ燃やし（最後に藁《わら》、一握り焚《く》べ）
赤子泣いてもフタ取るな

これは、米の炊き方に関する日本の伝承歌である。一般的には一句目と四句目をつなげたものが流布しているが、実はそれだけでは意味が分からない。そこで、この歌の意味について、香西みどり氏の次の解説を見ていこう。

「はじめチョロチョロ中パッパ」は沸騰までの水温上昇速度があまり速いと米粒の表面だけ先にデンプンが糊化し、その後、芯まで吸水するを妨げるので沸騰までの火加減に注意する、これが「はじめチョロチョロ」である。そして沸騰後の5分間は十分に対流を起こさせ米粒への吸水を促進させるため盛んに沸騰させる、これが「中パッパ」である。

「ブツブツいうころ火をひいて」は沸騰後、米粒に大部分の水が吸収されてもさらに蒸し煮を行うので火力を弱くする。米粒のデンプンを糊化させるには98℃で20分間以上必要なので焦げないように弱火ということである。蒸し煮が終わったら火を止めて「蒸らし」を行う。「蒸らし」とは火を止めた後、蓋をとらずにそのまま10分間くらい放置して鍋内が高温を保っている間に米粒表面に残った余分な水分を米粒に吸収させたり、鍋の外に蒸発分を放散させたりすることである。

「一握りのわらしべ燃やし」は火を止める直前にいったん火力を強くすることで、それまで弱火で加熱をしていたために少し下がっていた鍋内の温度を上げ、消火後も鍋内の温度が高い状態を保つようにする。

「赤子泣いてもフタ取るな」は蒸らしの間はフタを決して取らない、フタを取ると鍋内の温度が下がって蒸らしの効果がなくなるからである[13]。

鍋でお米を炊く人にとってはおなじみの「炊き干し法」である。日本でよく食べられるジャポニカ米に適した炊き方で、炊飯器でもこの工程を踏んでいることは言うまでもない。

では、稲作が伝来した頃の古代日本人は、どのように米を食べていたのだろうか。どうやら、普段は甕《かめ》で米を煮て食べ、祭祀など特別な日には甑《こしき》を使って蒸して食べたようである。水を加えて煮た米を「粥」といい、これには「姫粥《ひめかゆ》（現在の粥）」と「固粥《かたかゆ》（現在のご飯。姫飯《ひめいい》とも）」の二種類がある。また、蒸したものは「強飯《こわいい》」（おこわ）と呼ばれた。それらの調理法を知らない人々は、籾のまま焼いたものを手で揉み、籾殻を焼いて粒食する「焼き米」で食べたと言

われている。(14)

一方、「湯取り法」はあまりなじみがないと思うが、「米をゆでた後、ゆで汁を取り除き、蒸す炊飯方法」と定義され、(15)東南アジアでは米を大量の水とともに加熱し、沸騰加熱後にゆで汁を取り除き、蒸す方法がとられる。

中国も伝統的に「湯取り法」だが、インドや東南アジアと違い、鍋に大量の湯を沸かしてから米を入れ、柔らかく煮立ったらザルにとって水洗いし、再度鍋に入れて加熱する。この時、米が粘りのあるジャポニカ米であったとしても、「炊き干し法」よりも粘り気は少なくなる。

このようにパサパサした食味ゆえ、箸で食べるのには向かず、ご飯の手づかみや粥であれば匙で食べるのに向いている。

南宋代、道元禅師の留学先は、現在の上海の近く浙江省《せっこうしょう》内がほとんどであったことから鑑みると、主食は粳であった可能性は高い。しかし、北宋代に籼が広まった長江の南にも位置するので籼であった可能性もある。いずれにせよ、「湯取り法」で作るのでサラサラした食味であることには変わりはない。

ちなみに、この食性は、器の形状にも影響を与えている。僧侶の用いる応量器は、鉄鉢型と呼ばれる碁石入れのような形状で、液体を多く含む粥やサラサラに炊かれた米飯を匙ですくいやすくできており、現在の日本で一般的に使われている口の広がった形状の器の方は、むしろ粘り気の強い米を箸でつまむのに都合がよい。

山内昶《ひさし》氏によると、室町時代以降、日本の食法から匙が消えたという。その理由としては、「米飯は粘り気が強いので、接触面積の広い匙だとくっついて食べ難い。そこで接触面の狭い箸に代えた」という「粘々説《ねばねば》」を取り上げ紹介している。[16] さらに、箸食を採用したことで、「食器を置いたままだと途中でこぼしてしまうので、手で飯椀や汁椀を持って直接口につけて箸だけで食するようになった」とも言っている。しかし、ベトナムでは粘りのないインディカ米を箸で食べるので「粘々説」には穴があり、「食品の性質が必ずしも全面的に食法を規定するものではない[17]」とする山内氏の指摘は、心に留めておきたい。

サンガの営農

【インド】　律には、八正道《はっしょうどう》のひとつ「正命《しょうみょう》（正しい生活）」について、「如法如律の生活とは、仏の教えに適《かな》っている食べ物によって身体を養うのが第一である」と言っている。つまり、サンガ（僧団）所有の農地の開墾、耕作は必ず不殺生戒（自ら殺生をしない）が守られる形で行われる必要がある。

であれば、僧侶は自らが耕作せず、所領の農地を小作に出し、その収穫物を小作人と分かてばよい。その際、六分の一をサンガに納めてもらう。サンガとしては、土地と牛を供給してしまえば、あとの諸事は関知しない。またサンガの取り分も、豊作・不作に合わせて、手加減するのがよい。そうして採れた農作物も仏法に応じて食せば、罪は生じることはない。インドの諸寺ではこのようにしているところが多いのである。

【中国】 中国の諸寺では、たとえ人に耕作を任せても、収穫を分け合うことなどせず、自ら下男を使って自らの利のために営農をしている。戒律を守る僧侶ならば、そのような寺で作られた作物は食べない。というのも、そのような寺では、邪命（邪な生活）により身を養っているからである。

現在の中国の僧が行うように、自ら開墾、耕作し、虫の生命を断つことは不殺生戒を犯すことになるが、サンガのために耕作に直接関与せず、営農に関して小作人に具体的指示は出さず、ただ名目上の地主としてのみ関わることは、律に反しない。

【補足】 義浄の提案は一見、具足戒中の波逸提法《はいつだい》（単堕《たんだ》法とも）にある以下の二つに抵触しそうである。

・地面を掘る、または人に掘らせてはならない。（生き物を殺してしまうため。だから家を建てる

ときは「生き物を殺すな」と工事人に命じなければならない。除草を頼む時なども同様）
・草木を殺す、または殺させてはならない。（ゆえに僧侶は、果物や芋をそのまま食べることができない。切って提供されたものは可）

しかし義浄は、僧侶は徹底的に開墾や耕作には関与してはいけないという立場にいるので、農業用の土地を貸したあとは一切関知しない。つまり、収穫物は前提として小作人の財産であって、その一部をサンガ（寺院）に布施してもらうというカラクリなので、これらの戒律には反しないという見解となる。

では、唐代に盛んになりつつあった禅宗寺院ではどうであっただろうか。

鏡島元隆氏によれば、唐代の律宗などの一般寺院は、貴族と同様に広大な荘園を所有し、小作料を徴収し収入としており、その他種々の営利事業を行っていたが、精神の独立と自由を確立することを旨とする禅宗寺院では、そうした生活様式をとることを斥け、庶民と共にある生活、すなわち庶民が行っていた自給自足の生活を選んだという。(18)

そうした禅宗寺院生活の背景には、寺院によっては二〇〇人、三〇〇人もの僧侶が生きていかなければならないという切実な実状があり、義浄の批判するような荘園の運営、また僧侶自らが耕作をするという戒を犯す状況があった。しかし、百《ひゃく》丈《じょう》懐《え》海《かい》禅師（七四九～八一四）の登場により、僧侶と営農のパラダイム・シフトが起こる。

石川力山氏は次のように『百丈広録』所収の問答を取り上げる。

問う、「草を斬り木を伐り、地を掘り土を墾す、罪の報いの相ありやせんや」。

師（百丈禅師）云わく、「定《かな》らず罪有りと言うを得ず、また定《かな》らず罪無しと言うを得ず。罪有りと罪無しのことは、当人にあり[19]」。

まさに、開墾が戒律違反ではないかと問われた百丈禅師は、仏教本来の戒律を当然熟知した上で、自らその戒を破らなければ成り立たない生活を問い直している。そして、ついに「禅院における作務（仕事）そのものが、実は日常的な修行そのものにほかならない」とする思想にたどり着き、その後の禅宗の在り方を方向づけた。つまり、営農（作務）は禅の修行として行われるということである。

といっても、完全な自給自足というわけではない。篤信者からの布施も重要で、遠藤純一郎氏は「布施を受けつつ、併せて労働に勤しむ態度であって、不受布施のような完全な経済的自立・閉鎖性を意味するものではなかった。つまり、百丈の教団は他の寺院と同じく布施を受けながら、但し他の寺院の行ってきた投資経済を廃し、農業労働に基づく実体経済に代替した」と指摘している[20]。

義浄の提案するような、場所貸しに徹して営農には一切関知せず、小作人からの布施として収穫物を受け取る方法が、中国仏教の寺院運営にどれほど影響を与えたかは分からない。戒律を犯さず食事にありつけるという点で中国の僧侶は飛びつきそうなものだが、義浄の後に百丈が登場しているところをみると、あまり採用されなかったということであろうか。

(1) 道元（全訳注：中村璋八・石川力山・中村信幸）『典座教訓・赴粥飯法』講談社学術文庫、一九九一、二〇一―二〇三頁

(2) 能勢美佐子「日本の食卓史にみる、食具としつらいの変遷」『日本調理科学会誌』四八巻三号、二〇一五、二一九頁

(3) 高倉洋彰「中国における箸の出現と普及」『国際文化論集』二三巻二号、西南学院大学学術研究所、二〇〇八、七頁

(4) 山内昶『食具』法政大学出版局、二〇〇〇、一二二頁

(5) 渡辺実『日本食生活史』吉川弘文館、一九六四、一〇二頁

(6) 山内昶『食具』法政大学出版局、二〇〇〇、一四五頁

(7) 原田信男『和食と日本文化――日本料理の社会史』小学館、二〇〇五、六一頁

(8) 道元（全訳注：中村璋八・石川力山・中村信幸）『典座教訓・赴粥飯法』講談社学術文庫、一九九一、二一三―二一四頁

（9）道元（全訳注：中村璋八・石川力山・中村信幸）『典座教訓・赴粥飯法』講談社学術文庫、一九九一、一九八―一九九頁

（10）Xuehui Huang, Nori Kurata, et al, "*A map of rice genome variation reveals the origin of cultivated rice,*" *Nature*, 490,（2012）

（11）佐藤洋一郎『稲と米の民族誌　アジアの稲作景観を歩く』ＮＨＫ出版、二〇一六、二六五頁

（12）篠田統『中国食物史』柴田書店、一九七四、九〇―九二頁

（13）香西みどり「日本の米と食文化《第一〇回国際日本学シンポジウム報告5》」『比較日本学教育研究センター研究年報』お茶の水女子大学比較日本学教育研究センター、二〇〇九、六五頁

（14）香西みどり「日本の米と食文化《第一〇回国際日本学シンポジウム報告5》」『比較日本学教育研究センター研究年報』お茶の水女子大学比較日本学教育研究センター、二〇〇九、六四頁

（15）安田淑子／下村道子／山崎清子「湯取り法による米飯について」『家政学雑誌』一七巻一号、一九七六、二九頁

（16）山内昶『食具』法政大学出版局、二〇〇〇、一五一―一五二頁

（17）山内昶『食具』法政大学出版局、二〇〇〇、一二三頁

（18）鏡島元隆「禅宗における経済生活」『仏教経済研究』三号、一九六九

（19）道元（全訳注：中村璋八・石川力山・中村信幸）『典座教訓・赴粥飯法』講談社学術文庫、一

九九一、二三九―二四〇頁

（20）遠藤純一郎「中国仏教に於ける経済 百丈懐海が転換したもの」『蓮花寺佛教研究所紀要』二号、二〇〇九、九頁

さいごに

本書でも取り上げた『中国食物史』の著者・篠田統氏は、唐代中期の詩人・白楽天《はくらくてん》（白居《はっきょ》易《い》）に倣《なら》って、難しい内容であっても誰にでも分かるような文章を書くように務めたという。実際、論文レベルの内容が平易な言葉で書かれ、実に読みやすかった。その読書体験から、わたしも白楽天に倣って努力してみたがいかがであっただろうか。

さて、この度、本書を執筆するにあたり、実に膨大な論文、図書に目を通した。しかし、日頃から精進料理にまつわる活動を積極的に行い、アンテナも張っていたにもかかわらず、初めて目にする研究資料も多くあった。

これまでわたしは、もっぱら道元禅師の『典座教訓』から作食《さじき》、『赴粥飯法』から受食《じゅじき》と喫《きっ》食《しょく》という〝食法《じきほう》〟を中心に執筆してきた。同じく食の活動をするほかの僧侶も、多かれ少なかれこの切り口で文章を書いており、テキストが同じなので、当然似たり寄ったりな内容になる。この本では、そうした事態を避けるため、精進料理の背景にあるインド→中国→日本と伝わった仏教文化、地域の食生活、時代性、日本仏教諸宗派を切り口にした僧食の現状などを、部派仏教の律や禅の清規《しんぎ》を中心にとらえることにした。

その結果、今まで『精進料理』関係の本では見られなかった事実がわんさか出てきた。中でも個人的に衝撃だったのは、①曹洞宗型の僧堂が、もともと食堂から発展してきたこと、②僧侶の所有する鉢は基本的に托鉢用で、禅宗以外では食器として用いられることがほとんどないこと、の二点。

まず①は、曹洞宗僧侶であれば、「僧堂は何をするところ?」と聞かれると、最初に「坐禅」を挙げ、続いて「食事」「睡眠」と続くところだが、僧堂の本来的な機能を考えれば真っ先に「食事」が挙がるという話である。これは曹洞宗僧侶の感覚からすると、かなり驚きだが、一方で僧堂での食事のしやすさも知っているので妙に納得もできる。

そして②は、わたしの個人的な伝手《つて》で、日本仏教諸宗派の僧侶の方々に、鉢の実際の運用に関するアンケートを実施して初めて判明した。禅宗三派以外、鉢で食事をとることがないという結果で、鉢(応量器)で食事をするのが当たり前なわたしからすると、ひどく意外であった。しかし、東南アジアの上座部僧をみても、托鉢から帰って、鉢から別の器に移し替えて食べている。つまり、禅宗のように鉢を用いた食事だけが、仏教の正式な食べ方なのではないということである。

なぜこの二つに衝撃を受けたのかといえば、どちらもわたしの認識の盲点をついてきたからである。認識の盲点、つまり、当たり前だと思っていたことが、全然違っていたことに気づかされてしまったというわけだ。

こうした自己の至らなさに端を発する諸問題は、生きている限りずぅーと続く。そうした自己の問題と真正面から向き合うのが仏教であると理解している。そして、その在り方を支えてくれるのが、仏《ぶつ》（先達としての釈尊）法《ぽう》（釈尊の教え）僧《そう》（仏道を歩むサンガの仲間）の三宝《さんぽう》なのである。

そういう意味では、この本の執筆にあたり多くの僧侶の方々が助けてくださった。律宗の石田太一氏。天台宗の阿純章氏、飯沼康祐氏。高野山真言宗の大西龍心氏、大屋育大氏、渡邊弘範氏、白川密成氏。真言律宗の辻村泰善氏、石川重元氏。真言宗豊山派の石井祐聖氏、粕谷隆宣氏、古田真雄氏、守祐順氏。浄土宗の井上広法氏、池口龍法氏。臨済宗妙心寺派の細川晋輔氏。浄土真宗東本願寺派の青江覚峰氏。曹洞宗の鏡島一道氏。日蓮宗の久住謙昭氏。黄檗宗の廣瀬尊之氏。以上の方々である。わたしなどがサンガの仲間と呼ぶには恐れ多い方もいらっしゃるが、皆さまそれぞれにお忙しいにもかかわらず、不躾な質問にもご丁寧に対応していただき、謹んでお礼を申し上げたい。

また、当時の春秋社担当編集者で、WEB春秋での連載を支えてくださった楊木希氏、『中国新聞』「洗心」欄に連載中のコラム「放てば手にみてり」の一部記事に関する加筆転載を快諾してくださった中国新聞社と担当記者の久行大輝氏、書籍化にあたって遅筆なわたしをうまく管理し、本書の令和元年内の出版にこぎつけてくださった春秋社担当編集の豊嶋悠吾氏には、重ねてお礼を申し上げる。

そして最後に、本書とここまで付き合ってくださったあなたに、最大級の感謝の意を表明し、結びとしたい。

合掌

令和元年　七月一八日　聖観世音菩薩の縁日に

曹洞宗八屋山普門寺　吉村昇洋　九拝

閣、2017
山川徹『カルピスをつくった男 三島海雲』小学館、2018
ポール・キンステッド（訳：和田佐規子）『チーズと文明』築地書館、2013

—仏典・辞典・字典—
大正新脩大蔵経刊行会『大正新脩大蔵経（全88巻）』大蔵出版、1924-1932
SAT大藏經テキストデータベース研究会『SAT大正新脩大藏經テキストデータベース2018版（SAT 2018）』http://21dzk.l.u-tokyo.ac.jp/SAT/
片山一良・訳『パーリ仏典』〈第一期 中部（マッジマニカーヤ）6巻〉〈第二期 長部（ディーガニカーヤ）6巻〉〈第三期 相応部（サンユッタニカーヤ）8巻〉大蔵出版、1997-2018
中村元『ブッダのことば——スッタニパータ』岩波書店、1958
榊亮三郎『梵蔵漢和四訳対校 翻訳名義大集』国書刊行会、1981
望月信亨（増訂：塚本善隆）『望月仏教大辞典（全10巻）』世界聖典刊行協会、1954-1963
中村元『広説 佛教語大辞典』東京書籍、2010
水野弘元／中村元／平川彰／玉城康四郎『仏典解題事典』春秋社、1977
禅学大辞典編纂所『新版 禅学大辞典』大修館書店、1985
『日本国語大辞典（第二版）（全13巻＋別巻1冊）』小学館、2000-2002
白川静『新訂 字統 普及版』平凡社、2007
白川静『字通 普及版』平凡社、2014

参考文献

―典座教訓・赴粥飯法―
（論文）
曹洞宗総合研究センター宗学研究部門「『典座教訓』の註釈的研究（上）」『宗学研究紀要』28・29号、2016
東隆真「『典座教訓』に見られる苔と倭椹について」『宗学研究』26号、1984
神戸信寅「興聖寺における『典座教訓』撰述の意義」『印度學佛教學研究』26巻1号、1977
神戸信寅「『赴粥飯法』の一考察」『宗教研究』62巻4輯、日本宗教学会、1989
佐藤達全「保育科の学生と『赴粥飯法』――基本的な生活習慣の習得に関連して」『日本仏教教育学研究』5号、1997
佐藤達全「食育基本法の成立と『典座教訓』『赴粥飯法』」『教化研修』50号、2006
古山健一「『赴粥飯法』における『法是食・食是法』について」『宗学研究』49号、2007
古山健一「『赴粥飯法』における『斎時喫食之法』の出典研究」『宗学研究紀要』21、2008
古山健一「『赴粥飯法』における『恭敬受食』の語について」『宗学研究』50号、2008
趙小寧「『赴粥飯法』に見られる中国儒家思想の影響」『京都府立大学学術報告・人文』62号、2010
三橋洋子／小林幸子「永平寺修行僧の食事――道元禅師の典座教訓から学ぶ食の精神」『和洋女子大学紀要・家政系編』40号、2000
（図書）
道元（全訳注：中村璋八・石川力山・中村信幸）『典座教訓・赴粥飯法』講談社学術文庫、1991
篠原寿雄『典座教訓――禅心の生活』大蔵出版、1969
内山興正『人生料理の本――典座教訓にまなぶ』曹洞宗宗務庁、1970
池田魯参『宝慶記　道元の入宗求法ノート』大東出版社、2004

―精進料理・僧食作法・食事偈文―
（論文）
前谷彰／恵紹「食生活と仏教との関わり」『日本佛教學會年報』63号、1997

奥村彪生「日本の精進料理」『法明上人六百五十回御遠忌記念論文集』1998
荒川元暉「仏教教育と精進料理」『日本仏教教育学研究』5号、1997
長谷川卯三郎「精進料理の解剖（1)」『禅文化』21号、1961
長谷川卯三郎「精進料理の解剖（2)」『禅文化』22号、1961
大野栄人「天台『観心食法』の研究（上)」『印度學佛教學研究』29巻1号、1980
大野栄人「天台『観心食法』の研究（下)」『禅研究所紀要』10号、1981
徳野崇行「曹洞宗における『食』と修行——僧堂飯台、浄人、臘八小参、「精進料理」をめぐって」『宗教研究』90巻2輯、日本宗教学会、2016
勝田哲山／岡孝順／谷口充洋／小林真悟／大橋聡宗「各教団に於ける食事に関する教化資料の調査」『教化研修』31号、1988
晴山俊英「五観偈について」『宗学研究』43号、2001
山本元隆「『禅苑清規』所収『五観偈』の淵源を求めて——南山道宣から黄庭堅撰「士大夫食時五観」に至る五観偈解釈の変遷」『駒澤大学禅文化歴史博物館紀要』1号、2016
頼住光子「仏教における『食』」『お茶の水女子大学大学院教育改革支援プログラム「日本文化研究の国際的情報伝達スキルの育成」活動報告書』平成20年度学内教育事業編、2009
(図書)
浅井覚超『真言宗食事作法解説』高野山出版、1993
松浦秀光『禅宗古実偈文の研究』山喜房仏書林、1971
小倉玄照『禅と食』誠信書房、1987
『大本山永平寺瑠璃聖寶閣（収蔵品図録)』大本山永平寺、2002
天台宗実践叢書編纂委員会『天台宗実践叢書』3巻、大蔵舎、1992
吉井始子 編『翻刻 江戸時代料理本集成』第二巻「古今料理集・和漢精進料理抄」臨川書店、1978／第九巻「精進献立集・魚類精進早見献立帳」臨川書店、1980
仏教料理研究会『精進料理大事典（全5巻)』雄山閣出版、1983
奥村秀雄『敬愛のこころ：奥村秀雄先生講演選集』秀泉会、2004
吉村昇洋『週末 禅僧ごはん』主婦と生活社、2014
吉村昇洋『心が疲れたらお粥を食べなさい 豊かに食べ、丁寧に生きる禅の教え』幻冬舎、2014
青江覚峰／吉村昇洋『いただきます お寺のごはん——心と体が潤うレシピ（趣味Do楽テキスト)』NHK出版、2014
吉村昇洋『禅に学ぶくらしの整え方』オレンジページ、2016

星覚『お坊さんにまなぶ こころが調う食の作法』ディスカヴァー・トゥエンティワン、2015
『禪文化洞上墨蹟』12 号「特集 精進料理」禅文化洞上墨蹟研究会、2016

―戒律に規定された僧侶の食べ物・薬・肉食―

（論文）

竹内友成「原始仏教における飲食物」『印度学仏教学論叢』山口博士還暦記念号、1955
平川彰「戒律と食物の関係」『禅文化研究所紀要』 9 号、1977
井上綾瀬「『パーリ律』薬犍度の薬品について――樹脂の薬を中心に」『龍谷大学大学院文学研究科紀要』29 集、2007
井上綾瀬「bhojaniya と khādaniya」『印度學佛教學研究』56 巻 1 号、2007
井上綾瀬「yāmakālika について」『パーリ学仏教文化学』22 巻、2008
井上綾瀬「パーリ資料にみられる Bhesajja」『印度學佛教學研究』58 巻 1 号、2009
井上綾瀬「尽形寿薬に関する諸律因縁譚の比較研究」『印度學佛教學研究』60 巻 2 号、2012
井上綾瀬「薬犍度の研究」『龍谷大学大学院文学研究科紀要』35 集、2013
井上綾瀬「仏教僧たちは何を食べていたのか」龍谷大学アジア仏教文化研究センター 2013 年度オムニバス講義（ユニット 1 担当）：アジアの仏教と文化（第 5 回)、2013
https://barc.ryukoku.ac.jp/2015/activity/2013/07/201315.html
満久崇麿「仏典の中の樹木 その性質と意義（全 4 回)」『木材研究資料』6-9 号、1972-1975
中村知見「初期仏教教団の薬品」『駒沢大学大学院仏教学研究会年報』30 号、1997
中村知見「チベット・中国仏教の薬品 ――Mahāvagga Ⅳ bhesajjakkhandhaka と Mūlasarvāstivā da vinayavastu bhaiṢajyavastu の薬品リストを中心に」『駒沢大学大学院仏教学研究会年報』31 号、1998
下田正弘「『三種の浄肉』再考」『仏教文化』25 号、1989
下田正弘「東アジア仏教の戒律の特色――肉食禁止の由来をめぐって」『東洋学術研究』29 巻 4 号 東洋哲学研究所、1990
下田正弘「部派における『薬』としての肉食の諸相」『我の思想：前田専学先生還暦記念』、1991

下田正弘「阿蘭若処に現れた仏教者の姿――倫理的自制型と呪術的陶酔型」『日本佛教學會年報』63号、1998
鈴木隆泰「大雲経における断肉説」『山口県立大学国際文化学部紀要』9号、2003
川崎信定「肉食とBhāvaviveka」『東方』1号、1985
川崎信定「Bhāvavivekaの生類観」『豊山教学大会紀要』14号、1986
道端良秀「中国仏教と肉食禁止の問題」『大谷学報』46巻2号、1966
森田潤司「食べ物の名数（4）葷菜類の名数」『同志社女子大学生活科学』47巻、2013
李衛紅／中村耕二郎／中川光弘「中国における米生産の地域的特性とその将来予測」『農業経営研究』40巻1号、2002
（図書）
高楠博士功績記念会：纂訳『南伝大蔵経（律蔵1-5）』大蔵出版、1970
八尾史『根本説一切有部律薬事』連合出版、2013
釈道世（校注：周叔迦・蘇晋仁）『法苑珠林校注（中国仏教典籍選刊）』中華書局、2003
太瑞知見『お釈迦さまの薬箱』河出書房新社、2015
泊如運敞（編訳：青山社編集部）『［佛事百般釈義問答］谷響集――抄訳』青山社、1999
服部敏良『仏教経典を中心とした釈迦の医学』黎明書房、1968

―戒律に則った僧侶の生活―
（論文）
森章司ほか「原始仏教聖典資料による釈尊伝の研究」中央学術研究所 http://www.sakya-muni.jp/monograph/
森章司「原始仏教経典における 'kṣama（懺悔）' について」『東洋学論叢』23号、1998
井上綾瀬「比丘の労働に関する考察」『印度學佛教學研究』62巻2号、2014
遠藤純一郎「中国仏教に於ける経済 百丈懐海が転換したもの」『蓮花寺佛教研究所紀要』2号、2009
佐々木閑「典座に関する一考察」『禅文化研究所紀要』19号、1993
石田瑞麿「栄西――その禅と戒との関係」『宗教研究』36巻1輯、日本宗教学会、1962
大村哲夫「仏に代わって祈りを聞くカミガミ　禅宗寺院における自力と他力、祈祷の構造」『東北宗教学』2号、2006
THAN VAN VAN「『パーリ律』捨堕法に説かれる羯磨」『佛教大学大学院

紀要（文学研究科篇）』37 号、2009
沼田一郎「波羅夷殺戒の一解釈 ――『根本説一切有部毘奈耶』の〈Upasena 物語〉について」『日本仏教学会年報』64 号、1999
影山教俊「仏教教団ではどの様に癒しを行っていたか――律藏経典群から読みとれる疾病誌について」『現代宗教研究』35 号、日蓮宗現代宗教研究所、2001
石原成明「道元禅師著作に見られる『大比丘三千威儀』の影響」『印度學佛教學研究』57 巻 1 号、2008
鏡島元隆「禅宗における経済生活」『仏教経済研究』3 号 1969
戸次顕彰「『四分律行事鈔』の文献的性格について」『印度學佛教學研究』63 巻 1 号、2014
小林崇仁「日本古代における山林修行の資糧（一）――乞食・蔬食」『蓮花寺佛教研究所紀要』3 号、2010
菅原研州ブログ『つらつら日暮し』「何故、禅僧は食事を静かにすべきなのか？」2008/6/8　https://blog.goo.ne.jp/tenjin95/e/832c9a06f8f4f364cbebf9a55e61fb9f
（図書）
水野弥穂子：訳注『原文対照現代語訳　道元禅師全集〈正法眼蔵〉（全 7 巻）』春秋社、1999
鏡島元隆／佐藤達玄／小坂機融『訳註 禅苑清規』曹洞宗宗務庁、1972
鏡島元隆：監修『原文対照現代語訳　道元禅師全集（全 17 巻）』春秋社、1999-2013
高崎直道／桂紹隆／斎藤明／下田正弘／末木文美士『シリーズ大乗仏教（全 10 巻）』春秋社、2011-2014
水野弘元『仏教要語の基礎知識』春秋社、1972
洪自誠（全訳注：中村璋八・石川力山）『菜根譚』講談社学術文庫、1986
佐々木閑『インド仏教変移論――なぜ仏教は多様化したのか』大蔵出版、2000
馬場紀寿『初期仏教 ブッダの思想をたどる』岩波書店、2018
石田瑞麿『梵網経』大蔵出版、2003
船山徹『東アジア仏教の生活規則 梵網経 最古の形と発展の歴史』臨川書店、2017
大竹晋『大乗非仏説をこえて 大乗仏教は何のためにあるのか』国書刊行会、2018
横田南嶺／阿純章『生きる力になる禅語』致知出版社、2019

―中国・インドの食―
（論文）
佐藤達玄「道宣の食物観」『印度學佛教學研究』29 巻 2 号、1981
関剣平「青木正児から中村喬へ 中国飲食文化史研究の専門化」『社会システム研究』特集号、立命館大学社会システム研究所、2017
田中静一「中国の食べ物と生活」『風俗』13 巻 4 号、日本風俗史学会、1975
山崎民子「中医営養学について 1――中医営養学の概念、特色および略史」『帯広大谷短期大学紀要』32 号、1995
山本元隆「北宋期南山律宗における義浄への評価――義浄に対する元照の反論」『印度學佛教學研究』66 巻 2 号、2018
（図書）
義浄（訳：宮林昭彦・加藤栄司）『現代語訳 南海寄帰内法伝――七世紀インド仏教僧伽の日常生活』法蔵館、2004
篠田統『中国食物史』柴田書店、1974
篠田統『中国食物史の研究』八坂書房、1978
篠田統／田中静一『中国食経叢書――中国古今食物料理資料集成』書籍文物流通会、1972
洪光住（編著：田中静一）『中国食物事典』書籍文物流通会、1970
中村喬『宋代の料理と食品』中国芸文研究会、2000
中村喬『明代の料理と食品――『宋氏養生部』の研究』中国芸文研究会、2004
宗懍（訳注：守屋美都雄）『荊楚歳時記（東洋文庫 324）』平凡社、1978
石川三佐男『玉燭宝典（中国古典新書 続編 8）』明徳出版社、2000
木村春子／高橋登志子／鈴木博／能登温子編『中国食文化事典』角川書店、1988
森枝卓士『アジア菜食紀行』講談社現代新書、1998
佐藤洋一郎『稲と米の民族誌　アジアの稲作景観を歩く』NHK 出版、2016
上田真啓『ジャイナ教とは何か――菜食・托鉢・断食の生命観』風響社、2018

―食具―
（論文）
能勢美佐子「日本の食卓史にみる，食具としつらいの変遷」『日本調理科学会誌』48 巻 3 号、2015
長佐古真也「『お茶碗』考 江戸における量産陶磁器の変遷」国立歴史民俗

博物館研究報告 94 集、国立歴史民俗博物館、2002
高倉洋彰「中国における箸の出現と普及」『国際文化論集』22 巻 2 号、西南学院大学学術研究所、2008
朝倉敏夫「韓国 匙と箸の文化（箸の文化：ごちそうを口へはこぶ道具：世界一周「食具」の旅）」『Vesta：食文化誌ヴェスタ』60 巻、2005
金泰虎「日韓の食事作法 作法の相違とその作法形成の原因を中心に」『言語と文化』11 巻、甲南大学国際言語文化センター、2007
周永河「韓国人のテーブルマナー　歴史人類学的視角からのアプローチ」『社会システム研究』特集号、立命館大学社会システム研究所、2017
趙美淑（訳：髙正子）「韓国における食文化研究」『社会システム研究』特集号、立命館大学社会システム研究所、2015
（図書）
山内昶『食具』法政大学出版局、2000
向井由紀子／橋本慶子『箸』法政大学出版局、2001

—食文化史—
（論文）
Xuehui Huang, Nori Kurata, et al, *" A map of rice genome variation reveals the origin of cultivated rice,"* *Nature*, 490, (2012)
神長英輔「コンブはどのように食べられてきたのか 東北アジアにおけるコンブ食の歴史」『新潟国際情報大学国際学部紀要』3 号、2018
香西みどり「日本の米と食文化《第 10 回国際日本学シンポジウム報告5》」『比較日本学教育研究センター研究年報』お茶の水女子大学比較日本学教育研究センター、2009
荒井三津子／清水千晶／中矢雅明「現代の食事作法——家庭の教育と新しい方向性」『北海道文教大学研究紀要』31 号、2007
安田淑子／下村道子／山崎清子「湯取り法による米飯について」『家政学雑誌』27 巻 1 号、1976
石其琳「食文化に於ける中国と日本：その相互認識とイメージ形成の諸相について」『筑紫女学園大学紀要』15 号、2003
石毛直道「食卓文化論」『国立民族学博物館研究報告別冊』16 号、1991
石毛直道「日本の食文化研究」『社会システム研究』特集号、立命館大学社会システム研究所、2015
石毛直道「食文化交流の歴史——日本を例に」『社会システム研究』特集号、立命館大学社会システム研究所、2017
サトウタツヤ「文化心理学から見た食の表現の視点から食文化とその研究について考える」『社会システム研究』特集号、立命館大学社会シス

テム研究所、2015
朝倉敏夫「世界の食文化研究と博物館——国立民族学博物館」『民博通信』148号、2015
（図書）
成城大学民俗学研究所『昭和期山村の民俗変化』名著出版、1990
成城大学民俗学研究所『日本の食文化——昭和初期・全国食事習俗の記録』岩崎美術社、1990
成城大学民俗学研究所『日本の食文化——補遺編』岩崎美術社、1995
『全集 日本の食文化（全12巻）』雄山閣出版 1996-1999
熊倉功夫／石毛直道：編『日本の食・100年「のむ」——食の文化フォーラム』ドメス出版、1996
杉田浩一／石毛直道：編『日本の食・100年「つくる」——食の文化フォーラム』ドメス出版、1997
田村眞八郎／石毛直道：編『日本の食・100年「たべる」——食の文化フォーラム』ドメス出版、1998
辻嘉一『茶懐石事典』柴田書店、1981
渡辺実『日本食生活史』吉川弘文館、1964
原田信男『和食と日本文化——日本料理の社会史』小学館、2005
原田信男『歴史のなかの米と肉——食物と天皇・差別』平凡社、2005
松下幸子『図説 江戸料理事典』柏書房、2009
江原絢子／東四柳祥子『日本の食文化史年表』吉川弘文館、2011
石毛直道『日本の食文化史——旧石器時代から現代まで』岩波書店、2015
熊倉功夫『日本料理の歴史』吉川弘文館、2007

—僧堂・食堂—
（論文）
韓志晩「中国禅宗寺院の僧堂と古代寺院の食堂との関連性について」日本建築学会2008年度大会、2008
韓志晩「中国宋・元時代の禅宗寺院における衆寮に関する研究」『日本建築学会計画系論文集』73巻626号、2008
髙瀬奈津子「中唐期における五台山普通院の研究——その成立と仏教教団との関係」『札幌大学総合論叢』36号、2013
尾崎正善「展鉢法と食堂」『宗学研究』44号 2002
尾崎正善「僧堂修行における規則と罰則」『印度學佛教學研究』52巻1号、2003
尾崎正善「坐禅堂作法の変遷」『鶴見大学仏教文化研究所紀要』11号、2006

沖本正憲「禅宗様伽藍配置と身体メタファー：身体投射の動機付け」『苫小牧工業高等専門学校紀要』48号、2013

—乳・酪・生酥・熟酥・醍醐・蘓（蘇）関係—

（論文）

平田昌弘「アジアの伝統的乳製品とその乳加工体系を探る」『日本栄養・食糧学会誌』55巻5号、2002
平田昌弘「アジア大陸における乳文化圏と発酵乳加工発達史」『世界の発酵乳　発酵乳の文化・生理機能　モンゴル・キルギスそして健康な未来へ』所収、はる書房、2008
平田昌弘／アイビブラ・イマム「中国新疆ウイグル自治区南西部における乳加工体系」『北海道民族学』4号、2008
平田昌弘「インド北部ラダック地区の乳加工体系」『ヒマラヤ学誌』10巻、京都大学ヒマラヤ研究会、2009
平田昌弘「ミルクを食べる　アジア大陸の人びとと乳製品のかかわり」『季刊民族学』33巻3号、2009
平田昌弘／米田佑子／有賀秀子／内田健治／元島英雅／花田正明／河合正人「『斉民要術』に基づいた東アジアの古代乳製品の再現と同定」『ミルクサイエンス』59巻1号、2010
平田昌弘「ユーラシア大陸の乳加工技術と乳製品（全13回）」『New Food Industry』53巻1-54巻1号、2011-2012
平田昌弘「搾乳の開始時期推定とユーラシア大陸乳文化一元二極化説」『酪農乳業史研究』5号、2011
平田昌弘「南アジア都市・農村の乳文化（その1）」『デーリィマン』63巻8号、2013
平田昌弘「南アジア都市・農村の乳文化（その2）」『デーリィマン』63巻9号、2013
平田昌弘「南アジア牧畜民の乳文化」『デーリィマン』63巻7号、2013
平田昌弘／板垣希美／内田健治／花田正明／河合正人「古・中期インド・アーリア文献「Veda文献」「Pāli聖典」に基づいた南アジアの古代乳製品の再現と同定」『日本畜産學會報』84巻2号、2013
平田昌弘「酪・生酥・熟酥・醍醐論考　古・中期インド・アーリア文献「Veda文献」「Pali聖典」を基にした再現実験」『畜産技術』平成26年5月号（708号）、畜産技術協会、2014
平田昌弘「古代南アジアをたどる——醍醐とは？」『デーリィマン』64巻8号、2014
平田昌弘「古代の日本をたどる——酥と蘓とは？」『デーリィマン』64巻

9号、2014
西村直子「Pāli 聖典における乳加工関連の定型句について——Rājasūya 祭の Mitra と Brhaspati に対する献供との比較」『文化』64巻1・2号、東北大学文学会、2000
有賀秀子／高橋セツ子／倉持泰子／浦島匡／筒井静子「日本における古代乳製品の酥および醍醐の本草綱目（李著）にもとづく再現試験」『日本畜産學會報』59巻3号、1988
有賀秀子／大谷能子／竹内真澄「『本草綱目』に基づき再現した熟酥と醍醐の性質についての研究」『酪農科学・食品の研究』39巻5号、1990
有賀秀子「7章2節　醍醐から白牛酪まで 牛乳・乳製品」『酪農大百科』、1990
有賀秀子「古代のグルメ乳製品『醍醐』」『酪総研』1357巻159号、1992
有賀秀子／岡崎正典／山田将崇「熟酥調整時の加熱条件およびクリームの乳酸発酵が醍醐中α－トコフェロール含量と収率に及ぼす影響」『酪農科学・食品の研究』41巻5号、1992
有賀秀子「酥・醍醐の再現と古代の乳利用に関する研究」『酪農科学・食品の研究』43巻1号、1994
越智猛夫「乳酒」『日本醸造協会誌』93巻3号 1998
斎藤瑠美子／勝田啓子「日本古代における乳製品酪・酥・醍醐等に関する文献的考察」『日本家政学会誌』39巻1号、1988
斎藤瑠美子／勝田啓子「日本古代における乳製品「蘇」に関する文献的考察」『日本家政学会誌』39巻4号、1988
斎藤瑠美子／勝田啓子「『延喜式』に基づく古代乳製品蘇の再現実験とその保存性」『日本家政学会誌』40巻3号、1989
細野明義「牛乳・乳製品の我国における啓発小史と健康訴求に関する今日の国際動向」『ミルクサイエンス』58巻3号、2009
細野明義「我国における牛乳と乳製品普及の系譜」『中酪情報（別冊）』所収、中央酪農会議、2010
佐藤健太郎「古代日本の牛乳・乳製品の利用と貢進体制について」『関西大学東西学術研究所紀要』45号、2012
東四柳祥子「牛乳・乳製品の家庭生活への定着・浸透に尽力した人びと——明治・大正期を中心に」『平成26年「乳の社会文化」学術研究研究報告書』梅花女子大学、2016
（図書）
田中静一／小島麗逸／太田泰弘『斉民要術 現存する最古の料理書』雄山

【著者紹介】
吉村昇洋（よしむら しょうよう）
1977年生まれ。曹洞宗八屋山普門寺副住職。公認心理師。臨床心理士。相愛大学非常勤講師。曹洞宗大本山永平寺での2年2ヶ月間の修行経験をベースに、禅仏教や臨床心理学、精進料理、仏教マンガについて全国で講演、本や雑誌、新聞にて執筆活動を行う。NHK総合『ごごナマ』やNHK Eテレ『きょうの料理』にて精進料理の講師として人気を博すほか、NHKワールド「Spiritual Explorers」の「精進料理」回でも取り上げられた。また、曹洞宗機関誌『禅の友』にて「食禅食悟〜『赴粥飯法』に学ぶ禅の食作法〜」を連載。近著に『心とくらしが整う禅の教え』（オレンジページ）のほか、『心が疲れたらお粥を食べなさい』『気にしない生き方』（いずれも幻冬舎）、『週末 禅僧ごはん』（主婦と生活社）など著書多数。
曹洞宗八屋山普門寺　http://www.zen-fumonji.com/

精進料理考

2019年 8 月 29 日　第 1 刷発行
2023年 2 月 20 日　第 3 刷発行

著　　者　吉村昇洋
発 行 者　神田　明
発 行 所　株式会社 春秋社
〒101-0021　東京都千代田区外神田2-18-6
電話　03-3255-9611（営業）
03-3255-9614（編集）
振替　00180-6-24861
https://www.shunjusha.co.jp/
装 幀 者　河村　誠
印刷・製本　萩原印刷株式会社

ISBN978-4-393-15902-6　定価はカバー等に表示してあります